August Mau

Führer durch Pompeji

auf Veranlassung des kaiserlich deutschen archäologischen Instituts

verfasst

August Mau

Führer durch Pompeji
auf Veranlassung des kaiserlich deutschen archäologischen Instituts verfasst

ISBN/EAN: 9783743674684

Hergestellt in Europa, USA, Kanada, Australien, Japan

Cover: Foto ©Andreas Hilbeck / pixelio.de

Weitere Bücher finden Sie auf **www.hansebooks.com**

Führer durch Pompeji.

Verlag von F. FURCHHEIM in NEAPEL.

In zweiter, bedeutend vermehrter und verbesserter Auflage erschien Ende 1891 die

BIBLIOGRAFIA DI POMPEI,
ERCOLANO E STABIA
COMPILATA DA
FRIEDRICH FURCHHEIM,
LIBRAJO.

Diese Quelle pompeianischer Literatur gibt die genaue Beschreibung von mehr als 500, grösstenteils de visu aufgenommenen alten und neuen Werken, in Italien und im Auslande erschienen, mit zahlreichen Anmerkungen und Preisangaben.

In der Einleitung werden die beschriebenen Werke nach ihrer chronologischen Reihenfolge und im Zusammenhang mit den Ausgrabungen aufgezählt, von den ersten Kundgebungen der Entdeckung an bis zum Jahre 1891. — Ein Anhang enthält die Hauptwerke über das National-Museum in Neapel.

In Elzeviertypen auf geschöpftem Papier gedruckt und in 400, auf der Presse numerierten Exemplaren hergestellt:

350 Exemplare in 8^0 Preis 6 Lire.
50 Exemplare in 4^0 (nicht im Handel).

Führer

durch

POMPEJI

Auf Veranlassung des

Kaiserlich Deutschen Archäologischen Instituts

verfasst

von

August Mau

Zweite, verbesserte und vermehrte Auflage

Mit 22 Abbildungen und drei Plänen

Leipzig	Neapel
Wilhelm Engelmann	F. Furchheim

1896.

Vorrede.

Dies kleine Buch beruht auf langjährigem und eingehendem Studium Pompejis. Es will den Besucher kurz und deutlich auf das Wesentliche aufmerksam machen und ihm die zum Verständnis nötige Auskunft bieten. Die Abbildungen zeigen teils, soweit es thunlich war, die mutmassliche einstige Gestalt der jetzt nur in Trümmern vorhandenen Gebäude, teils Dinge, die, an der betreffenden Stelle gefunden, jetzt nicht mehr dort oder nicht sichtbar sind.

Das mit kleinerer Schrift Gedruckte kann bei beschränkter Zeit am ehesten übergangen werden. Wessen Zeit auch für das so übrig Bleibende nicht reicht, dem sei folgende noch engere Auswahl empfohlen: Forum, Basilika, Apollotempel, Jupitertempel, Macellum, Tempel des Vespasian, Gebäude der Eumachia, Strada dell' Abbondanza, Forum triangulare, Palästra, Theater, Gladiatorenkaserne, Stabianer Thermen, Lupanar, Haus des Lucretius, Casa della Parete nera, Casa del Fauno, Tempel der Fortuna Augusta, Merkurstrasse, Casa della Fontana Grande, Casa di Castore e Polluce, Casa di Sallustio, Gräberstrasse. Für letztere, den landschaftlich schönsten und am vollständigsten erhaltenen Teil Pompejis, suche man jedenfalls, namentlich gegen Abend, die Zeit zu erübrigen.

Rom, im März 1893.

A. Mau.

Vorrede zur zweiten Auflage.

Die günstige Aufnahme, die der »Führer durch Pompeji« gefunden hat, hat in verhältnismässig kurzer Zeit eine zweite Auflage nötig gemacht. Diese ist vermehrt namentlich durch Aufnahme der hochinteressanten neuesten Ausgrabungen, verbessert nicht nur durch Berichtigung einiger kleinen Versehen, sondern auch durch die Resultate neuerer Studien des Verfassers und anderer. Die wissenschaftliche Begründung solcher neuen Auffassungen wird, soweit sie noch aussteht, demnächst an anderem Orte gegeben werden. Da das Buch mehr noch in Deutschland als in Italien Absatz fand, schien es auch dem Verleger der ersten Auflage, Herrn Fr. Furchheim in Neapel, zweckmässiger, dass diese zweite einer Verlagsfirma in Deutschland anvertraut würde. Dieselbe hat für bessere Ausstattung an Plänen und Abbildungen das mögliche gethan.

Rom, im März 1896.

A. Mau.

Einleitung.

Pompeji vor der Zerstörung. Wann Pompeji gegründet wurde, ist unbekannt; doch zeigen die Reste seines ältesten Gebäudes, des dorischen Tempels, den Stil des 6. Jahrh. v. Chr. und bezeugen, dass damals die Stadt schon bestand. Die ältesten Bewohner waren Osker, ein Volksstamm, dessen der lateinischen verwandte aber doch beträchtlich von ihr abweichende Sprache nur aus einer Anzahl von Inschriften mangelhaft bekannt ist. Aus dieser Sprache erklärt sich auch der von dem Zahlwort *pompe*, fünf, abgeleitete Name. Den ursprünglichen Bewohnern ward die Stadt um das Jahr 420 v. Chr. durch die ihnen stammverwandten, aus dem Gebirge an die Küste vordringenden Samniten entrissen; Osker und Samniten entwickelten unter dem Einfluss der griechischen Kolonien eine Kultur, in der sie den damaligen Römern wahrscheinlich überlegen waren. Die Samnitenkriege 342—290 führten zur Unterwerfung unter Rom in Form der Bundesgenossenschaft, wobei Selbständigkeit in inneren Angelegenheiten gewahrt blieb. Erst als die Samniten auch in ihrem letzten Freiheitskampf, erst gemeinsam mit den anderen Bundesgenossen (Bundesgenossenkrieg 90—88 v. Chr.; 89 Belagerung Pompejis durch Sulla), dann mit den römischen Demokraten Marius und Cinna, unterlegen waren, wurde Pompeji im J. 80 v. Chr. durch Ansiedelung einer Veteranenkolonie unter P. Sulla, einem Neffen des Diktators, ganz römisch gemacht.

Pompeji hiess jetzt *Colonia Cornelia Veneria Pompeianorum*, so genannt nach dem Geschlechtsnamen des Diktators Sulla und nach der von ihm vorzugsweise verehrten Göttin Venus, die jetzt als *Venus Pompeiana* Stadtgöttin von Pompeji wurde. Gleichzeitig wurde, wahrscheinlich durch die zu Gunsten der Veteranen vertriebenen Bürger, eine Vorstadt gegründet und nach dem Beinamen des Diktators *Pagus Felix*, später zu Ehren des Augustus *Pagus Augustus Felix* genannt.

Folgende Behörden sind durch die Inschriften bekannt.
I. Aus vorrömischer Zeit.
   1. *Kombenniom* (*conventus*), eine Versammlung, unbekannt ob Volks- oder Ratsversammlung.
   2. *Medix*, auch *Medix tortiks*, das Stadtoberhaupt.
   3. *Kvaisstur* (Quästor), wahrscheinlich mit der Kassenführung beauftragt.
   4. Zwei Aidilis, Ädilen, u. a. mit Wegebau beschäftigt.
II. In römischer Zeit (seit 80 v. Chr.).
   1. *Decuriones*: Stadtrat.
   2. *Duumviri iuri dicundi*, rechtsprechende Zweimänner: Stadtoberhäupter und Richter.
   3. Zwei Aediles: Markt-, Strassen- und Baupolizei. Duumvirn und Aedilen werden auch unter dem Namen *Quattuorviri*, Viermänner, zusammengefasst.
   4. *Duumviri quinquennales* sind die Duumvirn jedes fünften Jahres; sie besorgten die in Rom dem Censor obliegenden Finanzgeschäfte und die Revision der Rats- und Bürgerliste. Alle diese Beamten wurden von der Bürgerschaft gewählt.
   4. *Praefecti iuri dicundo*: Duumvirn, die vom Stadtrat ernannt wurden, wenn keine Wahl zustande gekommen oder sonst Vakanz eingetreten war, oder vom Kaiser oder einem kaiserlichen Prinzen, wenn er (wie 34 und 40 n. Chr. Caligula) die Wahl zum Duumvirn oder Quinquennalen annahm.

Dazu kamen Priestertümer und Priesterkollegien.
   1. Priesterinnen der Ceres und Venus.
   2. Priester (*flamen, sacerdos*) des Augustus. Von denen der späteren Kaiser sind bekannt der des Nero, der schon als Kronprinz einen Priester hatte.
   3. Augustalen: ein aus Freigelassenen bestehendes, dem Kaiserkult dienendes Kollegium.
   4. *Ministri Augusti, Mercurii, Maiae*; s. den Abschnitt über den Apollotempel S. 20.
   5. *Ministri Fortunae Augustae*: s. den Abschnitt über den Tempel der Fortuna Augusta S. 74.
   6. *Magistri*
   7. *Ministri* } des Pagus Augustus Felix, wohl alle drei dem Kaiserkultus gewidmet.
   8. *Pagani*

Pompeji war eine wohlhabende Handelsstadt. Auf dem Endpunkte eines vom Vesuv gegen das Meer geflossenen Lavastromes, dicht an dem wasserreichen Flusse Sarnus gelegen, war es der natürliche Hafenplatz der von diesem durchflossenen Ebene südöstlich vom Vesuv. Das Meer trat näher als jetzt, bis auf etwa

400 m, an die Stadt heran; als Hafen aber diente der Fluss, an dessen Ufer sich eine kleine Vorstadt gebildet hatte. Ausser den Produkten des Hinterlandes führte Pompeji auch die des eigenen Bodens, namentlich Wein und Gemüse aus. Die einheimische Lava wurde zu Mühlen verarbeitet, welche im 2. Jahrh. v. Chr. einen Ausfuhrartikel bildeten; doch erlosch später diese Industrie und wurden selbst für den eigenen Gebrauch Mühlsteine eingeführt. Eine weitere Nahrungsquelle bestand darin, dass vornehme Römer — wir wissen es von Cicero und dem Kaiser Claudius —, angezogen durch die schöne Lage und das herrliche, auch im Sommer von frischen Meerwinden gekühlte Klima, hier ihre Villen hatten. Doch ist die Benennung einer im Jahre 1763 ausgegrabenen Villa als »Villa des Cicero« nicht gerechtfertigt. — Die Einwohnerzahl wird vermutungsweise auf etwa 30,000 berechnet.

Verschüttung Pompejis. Das Wiedererwachen der Thätigkeit des Vesuv kündigte sich im Jahre 63 n. Chr. durch ein Erdbeben an, welches viele Gebäude zerstörte und dessen Spuren noch vielfach kenntlich sind. Während man mit dem Wiederaufbau beschäftigt war, erfolgte am 24. August 79 n. Chr. der verhängnisvolle Ausbruch und die Verschüttung der Stadt, zuerst durch kleine Bimssteine (*lapilli*), bis zur Höhe von reichlich 2 m, dann durch Asche, welche ebenfalls eine etwa 2 m hohe Schicht bildete. Der Ausbruch war mit Erdbeben verbunden: gleich nach Beginn des Aschenregens erfolgte der erste heftigere Stoss und warf viele Gebäude um. Dass die Verschüttungsmassen heiss gewesen wären, ist an sich unglaublich und wird auch durch Beobachtung der Thatsachen widerlegt. Zwar findet sich alles Holzwerk verkohlt, doch beruht dies auf einem chemischen Prozess unter dem Einfluss der Feuchtigkeit; und wenn stellenweise der als Wandfarbe verwendete Ocker rot geworden ist, als ob er verbrannt wäre, namentlich wo er von der Asche berührt worden ist, so muss auch dies auf andere noch nicht erklärte Weise erfolgt sein: grade hier sind die Spuren lokaler Brände deutlich von solcher ausgedehnteren roten Färbung zu unterscheiden.

Von der Verschüttung Herculaneums unterscheidet sich die Pompejis so, dass in Herculaneum dieselben Massen, Bimsstein und Asche, nicht in regelmässigen Schichten, wie in Pompeji, liegen, sondern durcheinander gemischt sind, in einer schlammartigen Masse, die im Laufe der Zeit zu einer Art Tuffstein erhartet ist und die Ausgrabung wesentlich erschwert.

Nach der Verschüttung ragten die oberen Teile der stehen gebliebenen Gebäude aus der Asche hervor. Dies hatte teils zur Folge, dass eben diese Teile im Lauf der Zeit zerstört wurden, und sich wenig von ihnen findet, teils erleichterte es die ohne Zweifel gleich nachher vorgenommenen Nachgrabungen nach allen irgendwie wertvollen Gegenständen, auch Baumaterialien. Namentlich wo Marmor verwandt war, wie in manchen Gebäuden am Forum, ist derselbe bis auf geringe Reste entfernt worden.

Die Einwohner entkamen grösstenteils aus der Stadt: auf Grund der bis jetzt gefundenen Skelette kann man berechnen, dass in ihr nur etwa 2000 ihren Tod fanden. Wie weit freilich die Entflohenen gekommen sind, wissen wir nicht. Ein Teil derselben wurde in geringer Entfernung südlich der Stadt, vermutlich an dem damaligen Ufer des Sarno, verschüttet: ihre Skelette mit vielen wertvollen, jetzt im Museum zu Neapel befindlichen Goldsachen, wurden in den Jahren 1880 und 81 gefunden.

Ausgrabung. Pompeji war im Mittelalter verschollen. Als in den Jahren 1594—1600 der Architekt Domenico Fontana den Kanal von der Quelle des Sarno nach Torre Annunziata unter der Stadt durchführte, wurden zwar einige Inschriften gefunden, man achtete aber weiter nicht darauf. Regelmässige Ausgrabungen fanden seit 1748 statt; bald mehr (so zur Zeit Murats) bald wenig eifrig, betrieben, förderten dieselben bis zum Jahre 1825 die um das Forum und um die Theater gruppierten öffentlichen Gebäude und die Gräberstrasse zu Tage. Der Umfang der Stadt wurde unter Murat festgestellt. Die verständige und methodische Organisation der Arbeit stammt von Giuseppe Fiorelli, der im Jahre 1861 die Leitung übernahm. Es ist jetzt nahezu die Hälfte der Stadt ausgegraben, und der Gang der Stadtmauer ringsum festgestellt; der noch fehlende Teil wird vermutlich an öffentlichen Gebäuden nur einige Tempel und Badeanlagen enthalten. Wenn in der bisherigen Weise fortgearbeitet wird, kann in 50—60 Jahren die ganze Stadt aufgedeckt sein.

Stadtplan. Mauern und Thore. Der Umfang der Stadt, annähernd oval, folgt dem Abhang des von einem Lavastrom gebildeten Hügels, auf dem sie erbaut ist; nur im Norden, wo sich der Hügel weiter gegen den Vesuv fortsetzt, geht die Stadtmauer quer über seinen Rücken. Die Stadt ist planmässig angelegt: Zwei Hauptstrassen, die *Strada di Mercurio* mit ihrer Verlängerung südlich vom Forum und die *Strada di Nola* (*decumanus maior*) durchschneiden die Stadt von einem Ende zum anderen und bestimmen die Richtung der nordsüdlichen und westöstlichen Strassen. Von ersterer Richtung ist in der östlichen (noch unausgegrabenen) Hälfte nur um ein weniges abgewichen. Doch ist das so gebildete System an zwei Stellen durchbrochen worden: einmal an der Ostseite des Forums, um hier die Schiefwinkeligkeit zu vermindern, und dann an der die Stadt von Norden nach Süden durchschneidenden *Strada Stabiana* (*Cardo*), welche, einer Einsenkung des Bodens folgend, eine abweichende Richtung einschlägt und der sich die zunächst östlich anliegenden Häuserviertel anschliessen.

Die **Stadtmauer** ist auf der Nord-, Ost- und dem grössten Teil der Südseite erhalten, dagegen auf der West- und dem westlichen Teil der Südseite schon im Altertum entfernt und ihr Platz von Häusern eingenommen worden. Sie hat acht Thore, wie auf dem Plane ersichtlich. Man hat ihnen die auf dem Plane beigeschriebenen Namen gegeben.

Die **öffentlichen Gebäude** sind, soweit bis jetzt ersichtlich, mit Ausnahme des Amphitheaters in zwei grossen Gruppen vereinigt: eine um das Forum, die andere in der Nähe des Stabianer Thors, zwischen der Stabianer Strasse und dem Forum triangulare. Nur Badeanstalten sind ausserdem in der Stadt verteilt.

Moderne Einteilung. Dieselbe geht von der Voraussetzung aus, dass die Stadt durch zwei ostwestliche (Strada di Nola und Str. dell' Abbondanza mit Fortsetzung) und zwei nordsüdliche Strassen (Str. Stabiana und eine zwischen Porta di Capua und Porta di Nocera vermutete) in neun Regionen geteilt sei (s. den Plan). Innerhalb dieser Regionen (ausgegraben sind Teile der 1. 5. 6. 7. 8. 9.) sind die Häuserviertel, und in diesen die Eingänge mit fortlaufenden Nummern bezeichnet, welche an den Ecken und an den Eingängen angebracht sind. Obgleich diese Einteilung irrig ist, da die Strasse zwischen dem Capuaner und Nuceriner Thor nicht existiert, so ist es doch für den, der Notizen machen will, zweckmässig, dieselbe zu benutzen, da sie es möglich macht, jedes Haus kurz und unzweideutig mit drei Zahlen zu bezeichnen. Dagegen hat die ebenfalls an den Ecken angebrachte Numerierung der Strassen (*via I. II.* u. s. w.) keinen praktischen Wert, sondern verwirrt nur, und es ist besser, sie nicht zu beachten. Auch die Bezeichnung der Strada di Nola als *Decumanus maior*, der Str. dell' Abbondanza als *Decumanus minor* und der Str. Stabiana als *Cardo* kann man ohne Schaden unbeachtet lassen.

Benennungen der Häuser. Die bedeutenderen Häuser sind bekannt unter Namen, die ihnen aus sehr verschiedenen Gründen beigelegt wurden: zum Teil nach Personen, in deren Gegenwart daselbst Ausgrabungen stattgefunden haben (*Casa del Granduca di Toscana, dell' Imperatrice di Russia, di Giuseppe II* u. A.), zum Teil nach dort gefundenen Gegenständen oder Bildern (*Casa del Fauno, di Adone*), zum Teil endlich nach den häufig ohne rechten Grund vermuteten Besitzern (*Casa di Sallustio, del poeta tragico*). Mit diesen Namen werden die Häuser von den Führern bezeichnet und sind sie auch in der Litteratur bekannt; es ist daher gut, auf sie zu achten. Anderer Art sind die neuerdings an einer Anzahl von Häusern auf Marmortafeln angebrachten Namen; diese beruhen zum grössten Teil auf den in den Häusern gefundenen Bronzepetschaften mit den Namen der Besitzer, sonst auf anderen inschriftlichen Zeugnissen. Doch sind namentlich die älteren Häuser, die schon früher andere Namen hatten, nicht unter diesen offiziellen Namen bekannt, und es ist besser, nicht viel auf diese zu achten.

Bauperioden. Unter den Gebäuden Pompejis ist der zerstörte dorische Tempel älter als alles übrige, aus dem 6. Jahrh. v. Chr. Auch die Stadtmauer ist alt, doch lässt sich ihre Entstehungszeit nicht näher bestimmen. Im übrigen zerfallen die Gebäude in zwei bestimmt geschiedene Gruppen, je nachdem sie vor oder nach der Ansiedelung der römischen Kolonie (80 v. Chr.) erbaut sind. Die vorrömischen Bauten stehen künstlerisch höher. Entstanden unter dem direkten Einfluss der griechischen Kultur zeigen sie die reinen und schönen Formen des dorischen, ionischen und korinthischen Baustiles. Besonders beachtenswert sind die frischen und lebendigen korinthischen Kapitelle. Dagegen ist ihr Material ein bescheideneres: Säulen und Gebälke sind durchweg aus grauem Tuff mit weissem oder farbigem Stucküberzug. Marmor kommt kaum vor. Auch die Technik ist unvollkommen, indem bisweilen die Architravblöcke nicht von einer Säule zur andern reichen, sondern auf Holzbohlen gelegt sind. Dagegen zeigen die römischen Bauten bei geringer und manchmal grober Formengebung besseres Material, namentlich Marmor und einen in Neapel Travertin genannten feinen Kalkstein (wenn auch der Gebrauch des Tuffes namentlich in der ersten Zeit keineswegs ganz aufhört) und bessere Technik. — Besonders kenntlich sind noch in der ersten Gruppe einige Häuser aus ältester Zeit mit Fassaden aus Kalksteinquadern und einem Mauerwerk, in welchem statt Mörtel nur Lehm verwandt ist; in der zweiten Gruppe die Bauten aus der ersten Zeit der Kolonie, für welche eine besondere Art Lavamauerwerk bezeichnend ist.

Von den öffentlichen Gebäuden gehören der vorrömischen Zeit an: die Basilika, der Apollo- und wahrscheinlich der Jupitertempel, die älteren Forumsportiken, die Stabianer Thermen, das grössere Theater, die Säulenhallen des Forum triangulare, die Gladiatorenkaserne, die Palaestra, der äussere Teil der Porta marina und die inneren Teile der übrigen älteren Thore.

Der ersten Zeit der Kolonie: die Thermen beim Forum, die sogenannte Schule, das kleinere Theater, das Amphitheater, der Tempel des Zeus Meilichios, der innere Teil der Porta marina.

Alle übrigen sind in späterer römischer Zeit erbaut worden.

Baumaterialien. Bauart. In den ältesten Bauten ist das vorwiegende Material der Sarnokalkstein, ein vom Sarno niedergeschlagener Kalksinter, ähnlich dem römischen Travertin. Gleichzeitig und später in grösserem Umfange ist die Lava, Lavaschlacke und Lavaschaum (cruma) des Stadthügels verwandt. Aus Lava bestehen auch das Pflaster und die meisten Thürschwellen. In geringerem Umfange ist der bei Nocera gebrochene graue und gelbe Tuff (erhärtete vulkanische Asche) zur Anwendung gekommen, ersterer der für Säulen, Fassaden u. dgl. besonders beliebte Stein der vorrömischen Zeit. Ziegel sind seit den ersten Zeiten der römischen Kolonie vielfach für Ecken und Thürpfosten, seltener für ganze Mauern verwandt worden, immer nur als Verkleidung eines Kernes von Bruchsteinen. Marmor ist nur zu Säulen, Gebälken und ähnlichem, sowie zu Wandbekleidungen benutzt worden; ähnlich auch der missbräuchlich Travertin genannte Kalkstein, aus dem z. B. die jüngeren Säulenhallen des Forums bestehen.

Quaderbau (Kalkstein und Tuff) war nur für Fassaden üblich. Im übrigen bestehen die Mauern aus *opus incertum*, d. h. unregelmässigen, in Mörtel gelegten Steinbrocken. Hierbei sind die Thürpfosten und vielfach auch die Ecken in früherer, namentlich vorrömischer Zeit aus Quadern, später aus Ziegeln oder ziegelförmigen gehauenen Steinen, häufig auch aus diesen beiden Materialien in mehr oder weniger regelmässigem Wechsel hergestellt. Vereinzelt findet sich das zu Anfang der Kaiserzeit üblich werdende Netzwerk (*opus reticulatum*), wobei die an der Aussenfläche liegenden Steine je eine viereckige, auf eine Ecke gestellte Fläche zeigen, so dass die Wand netzartig gemustert erscheint. Ein ähnliches, aber weniger regelmässiges Mauerwerk ist für die erste Zeit der Kolonie charakteristisch.

Die Wohnhäuser. Das pompejanische Wohnhaus ist das römische, wie es Vitruv beschrieben hat. Und zwar ist es in einigen Fällen das altitalische Haus, dessen Mittelraum das Atrium ist; in anderen ist dieses erweitert durch einen hinteren Teil, welcher, dem griechischen Hause nachgeahmt, um einen Säulenhof gruppiert ist, der mit griechischem Namen Peristyl heisst. Das charakteristische im Gegensatze zum modernen Hause ist eben die Anordnung um diese zwei Mittelräume, von denen auch das Atrium (ursprünglich eine grosse Diele), durch die in der Decke angebrachte Öffnung gewissermassen zu einem Hofe geworden ist, welcher, wie das Peristyl, den umliegenden Wohnräumen Luft, Licht und Eingang vermittelt. Das Atrium hatte ein Dach, welches von allen vier Seiten sich gegen die Mitte senkte und hier eine grosse viereckige Öffnung, das **Compluvium**, liess, unter der im Fussboden ein flaches Bassin zur Aufnahme des Regenwassers, das **Impluvium**, angebracht war. Aus diesem floss das Wasser teils in die Cisterne, teils durch eine bedeckte Rinne auf die Strasse. Das in Pompeji häufigste Atrium ist das tuskanische (*Atrium tuscanicum*), dessen Dach nur durch zwei von einer Seitenwand zur anderen reichende Balken gestützt wurde. Seltener ist das viersäulige Atrium (*A. tetrastylum*), dessen im übrigen ebenso geformtes Dach von vier auf den Ecken des Impluvium stehenden Säulen getragen wurde; so z. B. das Nebenatrium der Casa del Fauno, das Hauptatrium der Casa del Laberinto. Noch seltener ist das korinthische Atrium (*A. corinthium*), dessen Dach auf einer grösseren Zahl um das Impluvium stehenden Säulen ruht: Casa di Castore e Polluce, Haus des Epidius Rufus (IX, 1.20). Atrien ohne Dachöffnung (*A. testudinatum*) sind sehr selten; ein Beispiel ist das westliche Nebenatrium der Casa del Centenario.

Von der Strasse war das Atrium durch einen kurzen Gang (*fauces* oder *prothyron*) zugänglich, in welchem die Thür entweder unmittelbar an der Strasse oder etwas weiter einwärts angebracht war. In letzterem Falle wird der vor der Thür liegende, also unverschlossene Teil des Ganges *vestibulum* genannt. Neben dem Eingange befinden sich an den Hauptstrassen meistens Kaufläden, häufig

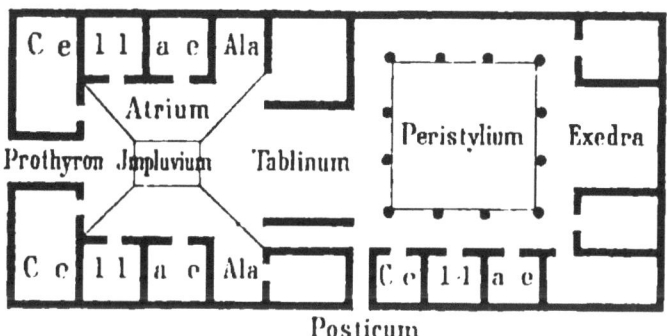

mit Verkaufstischen, in welche bisweilen Thongefässe zur Aufnahme der zu verkaufenden Ware eingelassen sind. Um das Atrium liegen Zimmer (*cellae*), teils Schlaf- und Speisezimmer, teils Vorratsräume. Der letzte Raum auf jeder Seite pflegt in ganzer Breite gegen das Atrium offen zu sein; diese Räume heissen *alae*, Flügel; zu was sie dienten, ist nicht recht ersichtlich, und sie sind auch nicht immer vorhanden. In der Mitte der Rückseite ist das *tablinum*, ein in ganzer Breite geöffnetes Prachtzimmer, meistens auch auf den Säulengang des Peristyls, wenn ein solches vorhanden, mit einer breiten Thür geöffnet, so dass es die Verbindung des vorderen und hinteren Teils des Hauses bildet. Demselben Zweck dient häufig noch ein enger Gang neben dem Tablinum. Weitere Wohnräume liegen um das Peristyl. Dieses ist ein Garten mit Säulengängen, die aber nicht immer auf allen vier Seiten vorhanden sind. Die Schlafzimmer sind häufig dadurch kenntlich, dass der Platz des Bettes als gesonderte Nische behandelt oder durch das Fussbodenmosaik oder die Wanddekoration bezeichnet ist; besonders häufig findet man auch eine Aushöhlung unten in einer der Wände, um für das eine Ende des Bettes den sonst nicht ganz genügenden Raum zu erweitern. Die Speisezimmer, Triclinien, sind selten sehr gross, gewöhnlich von länglicher Form und nicht breiter, als dass die drei Speisesophas, auf denen man, die Beine nach rechts streckend, lag, da stehen konnten. Nicht selten ist auch hier durch Aushöhlungen unten in den Seitenwänden der Platz erweitert worden, so dass hieran das Speisezimmer erkannt werden kann. — Die Wirtschaftsräume, Küche, Vorratskammern u. dgl., nicht selten auch ein kleines Bad, sind in verschiedener Weise seitwärts vom Atrium oder vom Peristyl angebracht; es kommt auch vor, dass als Vorraum derselben ein Nebenatrium vorhanden ist, so dass das Haus zwei Atrien, meist nebeneinander, hat, wie z. B. die Casa del Fauno. Ausnahmsweise hat eben diese auch zwei Peristylien; das Haus des Pansa hat noch hinter dem Peristyl einen zweiten Garten, mit einem Säulengang vor demselben.

Wandmalerei. Zu den schönsten Zierden Pompejis gehört die Bemalung der Wände. Obgleich von den figürlichen Darstellungen das meiste und beste in das Museum zu Neapel gekommen ist, und die an Ort und Stelle gebliebenen Malereien vielfach sehr verblichen sind, bietet doch namentlich der ornamentale Schmuck der Wände noch sehr viel Schönes. Am leichtesten ist dies zu geniessen in den Räumen, welche man durch Dächer geschützt hat; doch wird ein aufmerksamer Betrachter auch das Studium der weniger gut erhaltenen Wände vielfach lohnend finden.

Diese Malereien sind sehr verschiedener Art; die Entstehungszeiten der ältesten und jüngsten liegen etwa 200 Jahre auseinander. Und zwar unterscheidet man, in der dekorativen Bemalung der Wände, vier zeitlich auf einander gefolgte Stile; nämlich:

Erster Stil, vorrömische Zeit: Nachahmung von Marmorbekleidung durch plastische Stuckarbeit; keine Bilder. Beispiele: Basilika, Casa del Fauno, Casa di Sallustio.

Zweiter Stil, Zeit der Republik: Nachahmung von Marmorbekleidung durch blosse Malerei; daneben Darstellung von Architekturen, nicht phantastisch, sondern wie sie allenfalls wirklich existieren könnten: Casa del Laberinto; im übrigen in Pompeji schwach vertreten, weit besser in Rom auf dem Palatin und im Museum der Diocletiansthermen.

Dritter Stil, erste Kaiserzeit bis etwa 50 n. Chr.: ägyptisierender ornamentaler Stil, ausgezeichnet durch schöne und reine Formen, zarte und fein abgestimmte Farben: Haus des Caecilius Jucundus. Haus des M. Spurius Mesor.

Vierter Stil: ornamentaler Stil der letzten Zeit Pompejis, mit besonderer Vorliebe für phantastisch schlanke und in spielend ornamentaler Weise verwandte Architekturmalerei: Casa di Castore e Polluce, della parete nera, und viele andere. Es ist dies die Art, welche man gewöhnlich unter pompejanischer Wanddekoration versteht. Die Farben sind weniger zart, die Ornamente von weniger reinen Formen, beides aber kräftiger und wirkungsvoller als im dritten Stil. Bewundernswert ist die reiche Phantasie namentlich in den phantastischen Architekturen.

Jede dieser Dekorationsweisen hat ihren eigentümlichen Reiz. Die Malereien letzten Stils fallen wegen ihrer grösseren Zahl und besseren Erhaltung am meisten in die Augen, doch sollte kein kunstsinniger Besucher Pompejis es unterlassen, auch die Reste älterer Zeit, namentlich die z. T. sehr schönen Wände dritten Stils aufmerksam zu betrachten.

Die figürlichen Darstellungen gehören fast alle dem dritten und vierten Stil an. Es sind teils eingerahmte Gemälde, welche die Stelle an der Wand hängender Tafelbilder vertreten, mythologischen, genreartigen und landschaftlichen Inhalts, teils einzelne Figuren, welche entweder in der Mitte der Wandfelder schwebend (Satyrn, Bacchantinnen, Amoren, Viktorien u. s. w.) oder, mehr genreartigen Charakters, zwischen den phantastischen Architekturen stehend dargestellt sind. Der Kunstwert aller dieser Malereien ist sehr verschieden; von den grösseren eingerahmten Bildern sind die meisten und besten nach Neapel ins Museum gebracht worden.

Mosaikfussböden. Die Fussböden sind in den geringeren Häusern, wo sie aus einer wenig haltbaren Stuckmasse bestanden, vielfach ganz zerstört. Besser erhalten sind die aus in Stuck gelegten Ziegelstückchen bestehenden Fussböden (*opus Signinum*), in welche nicht selten hübsche Muster aus weissen und schwarzen Steinchen eingelegt sind. In reicheren Häusern findet man vielfach Mosaikfussböden, und zwar meist mit nur ornamentalen Motiven, am häufigsten schwarz und weiss, seltener in mehr Farben. Nur in wenigen Häusern hat man (meist die Mitte der Zimmer einnehmende) Mosaikbilder gefunden. Diese sind von viel feinerer Arbeit und aus viel kleineren Steinchen zusammengesetzt. Besonders reich an solchen Darstellungen war die Casa del Fauno, in der das ein ganzes Zimmer einnehmende Mosaik der Alexanderschlacht einzig in seiner Art ist. Sonst sind nur vereinzelt derartige Funde gemacht worden, vermutlich weil diese Art der Fussbodenverzierung seit den ersten Zeiten der römischen Kolonie weniger üblich war.

Wasserleitung. Brunnen. Pompeji war reich an Trinkwasser. Die Leitung muss von einem hochgelegenen Ort in den ostwärts sichtbaren Gebirgen zunächst durch die Ebene an den Abhang des

Vesuv, dann an diesem entlang in die Stadt geführt worden sein und diese an der Nordseite, zwischen dem Herculaner und Capuaner Thor, erreicht haben. Wahrscheinlich war sie eine Abzweigung der Leitung, welche Neapel, Puteoli, Bajae und Misenum versorgte, gleicher Herkunft mit der jetzt Neapel versorgenden Acqua del Serino. Sie bestand schon in vorrömischer Zeit. Die Verteilung in der Stadt ging so vor sich, dass an verschiedenen Punkten auf Pfeilern von beträchtlicher Höhe (deren namentlich an der Stabianer Strasse eine Anzahl erhalten ist) Verteilungsbassins angelegt waren, in welche das Wasser mittels seines starken Druckes hinaufgetrieben wurde und von denen aus es dann durch Bleiröhren zu den öffentlichen Brunnen und in die Häuser geleitet wurde. Die öffentlichen Brunnen, mit Vorliebe an den Strassenecken angebracht, bestehen aus einem aus grossen Stein- (meist Lava-) Quadern zusammengesetzten Bassin; in dieses fiel der Wasserstrahl aus einem Pfeiler desselben Materials, an dessen Rückseite die Leitungsröhre emporstieg. In den Häusern war häufig sowohl das Atrium als der Garten des Peristyls durch Wasserkünste belebt.

Kloaken. Die Abzugskanäle Pompejis sind noch nicht genügend erforscht. Es ist aber sicher, dass ein ausgedehntes Kloakennetz vorhanden ist. Die Kanäle liegen im allgemeinen unter den Trottoirs, so dass die meisten Strassen ihrer zwei haben; doch giebt es auch solche, die unter den Häuserviertaln durchführen, z. B. südlich der Strada dell' Abbondanza, dicht bei der Kreuzung mit der Strada Stabiana. Die Abtritte standen teils mit den Abzugskanälen in Verbindung, teils mündeten sie in Versetzgruben.

Strassenpflasterung mit vieleckigen Lavasteinen ist fast vollständig durchgeführt. An zwei Stellen (nördl. von Ins. IX. 2, westl. von IX. 4) ist in die senkrechte Fläche des Trottoirs eingehauen: EX. K. QVI d. h. *ex Kalendis Quinctilibus*, und zwischen VII. 2 und 4 ins Pflaster: K. Q. Diese Inschriften beziehen sich höchst wahrscheinlich auf die Pflasterung (wenn auch die nähere Bedeutung unklar bleibt) und beweisen jedenfalls, dass das Pflaster schon vorhanden war, bevor im J. 44 v. Chr. der Monat Quinctilis den Namen Julius erhielt.

An vielen Stellen, namentlich an den Strassenkreuzungen, sind Trittsteine angebracht, um von einem Trottoir auf das andere zu kommen. Da im Altertum die Zugtiere nur an der Spitze der Deichsel befestigt waren, so konnten sie, vermöge der freieren Bewegung ihres Hinterteils, viel leichter zwischen diesen Steinen durchkommen, als es bei moderner Bespannung möglich sein würde.

Inschriften. Von den oskischen und lateinischen Inschriften in Stein wird, soweit sie Interesse haben, bei den Gebäuden, auf welche sie sich beziehen, die Rede sein.

Ausserdem sieht man vielfach auf den Wänden mit roter Farbe gemalte Inschriften. Es sind zum grössten Teil Empfehlungen von Kandidaten zu den Magistratswahlen, teils mit blosser Nennung des Namens, teils mit kurzer Erwähnung der Vorzüge des Kandidaten. Ausserdem sind es, in viel geringerer Zahl, Bekanntmachungen, namentlich Ankündigungen von Gladiatorenspielen; doch ist von diesen keine in lesbarem Zustande erhalten.

Auch die zahlreichen Graffiti, d. h. mit einem Griffel oder sonstigen spitzen Instrument in die Wand geritzten Inschriften, sind grösstenteils unlesbar geworden. Sie enthalten persönliche Ergüsse der verschiedensten Art: Namen, Glückwünsche, Erinnerungen an Gladiatorenspiele, Verse u. s. w.

Erwähnung verdient noch der im J. 1875 gemachte Fund einer grossen Anzahl auf mit Wachs überzogenen Holztafeln geschriebener Urkunden im Hause des Bankiers L. Caecilius Jucundus (V, 1, 26). Sie sind jetzt im Museum zu Neapel ausgestellt und enthalten Quittungen teils über den Erlös von Auktionen, die Jucundus für andere veranstaltet hatte, teils über die Pacht für der Gemeine gehörige Grundstücke.

Wanderung durch Pompeji.

Man betritt Pompeji durch die Porta Marina, auf einem Wege, der auch im Altertum ausserhalb und innerhalb des Thores sehr steil sein musste; daher wenig Wagenverkehr, und keine Spuren desselben im Pflaster. Das Thor hatte zwei überwölbte Durchgänge, für Wagen und Fussgänger, beide verschliessbar. Links ein Stück der Stadtmauer, die sonst auf dieser Seite abgetragen und überbaut war. Das Thor ist in Friedenszeiten, wohl nach dem 2. punischen Krieg, zu Polizeizwecken, nicht zur Verteidigung, angelegt. Die Nische r. enthielt eine Thonstatue der Minerva, Schutzgöttin der Thore, jetzt in Neapel. Draussen Reste von Gebäuden und von einem bedeckten Gange l. am Wege; im Winkel l. eine Ruhebank. An das Thor schliesst sich innen ein gewölbter Gang an, jüngeren Ursprungs, aus der ersten Zeit der röm. Kolonie, unbekannter Bestimmung.

In einem antiken Raume, rechts, hat man ein kleines **Museum** angelegt.

1. Zimmer. Gipsabdrücke von Thüren. Beachtenswert die Hausthür gleich r. mit den verschiedenen Verschlüssen: Schloss, Riegel, mehrere Haken, eine Vorrichtung um den Querbalken (*sera*) zu befestigen. An der r. Wand Ladenthüren: man erkennt die Bretter, welche in eine in der Schwelle und im Sturz befindliche Rille eingesetzt wurden, so dass nur an einem Ende eine durch eine gewöhnliche Thür verschliessbare Öffnung blieb. R. Pfeiler mit Gitter-

fenster (Nachbildung eines antiken Eisengitters). In der 1. hinteren Ecke Abguss eines Schrankes, an dem die aus Knochenröhren gebildeten Scharniere an ihrem Platze geblieben sind. Abguss des unteren Teils der zusammenklappbaren hinteren Thür eines Tablinums. L. ein gut erhaltenes Exemplar einer Geldkiste. Nachbildung einer Thür und eines Schrankes nach den in der Asche erhaltenen Abdrücken.

Im 2. und 3. Zimmer eine Reihe Abgüsse von in der Asche umgekommenen Menschen und einem Hunde, welcher, in einem Hausflur angebunden, sich während des Bimssteinregens oberhalb der wachsenden Schicht erhalten hatte, dann aber in der Asche erstickt war. Diese Abgüsse sind dadurch ermöglicht worden, dass die die Körper bedeckende Asche unter Hinzutritt von Feuchtigkeit erhartete und nach Verwesung des Körpers die Hohlform übrig blieb. Wo man beim Ausgraben auf einen solchen Hohlraum stösst, entfernt man so viel wie möglich die Knochen aus demselben und giesst ihn dann mit Gips aus.

Im übrigen bieten das 2. und 3. Zimmer dem, der das Museum in Neapel kennt, wenig Neues. Im 2. Zimmer l. eine grosse Anzahl Thongefässe (Amphoren), in denen meist Wein, aber auch anderes, z. B. Hülsenfrüchte, aufbewahrt wurde; die kleineren enthielten vielfach Fischsauce (*garum*). Die meist sehr verblichenen, in der Regel mit Tinte, seltener mit roter oder weisser Farbe darauf geschriebenen Inschriften geben den Inhalt an, bei Weinamphoren nicht selten auch das Grundstück und den Jahrgang. — R. andere Thongefässe und -Lampen. Oben auf den Schränken Wasserspeier, meist von geringem Wert. Der vorletzte ist der sehr altertümliche Löwenkopf von dem dorischen Tempel des Forum triangulare, der dritte stammt aus der Casa del Fauno oder ist den dort gefundenen, welche zu den besten gehören, gleichartig. Der grosse Löwenkopf unten am Boden ist aus dem Apollotempel. Daneben r. und weiterhin Dachziegel mit verschiedenen Lichtöffnungen. Im letzten Schrank unten kleine gemalte Vasen aus den Samnitengräbern vor dem Herculaner Thor, r. davon Stirnziegel in Maskenform, grössere in Palmettenform von der Basilika. Weiter oben zwei Thonfriese (von einem, aus Casa del Fauno, nur eine Platte) mit Nereiden auf Tritonen. — Über der Thür zum 3. Zimmer ein bemerkenswertes Stück eingelegter Steinarbeit (*opus sectile*). — Im 3. Zimmer ein schöner thönerner Tisch, in Gestalt eines knieenden Mannes, Gerippe, Brot und Früchte, Glas und Bronzegefässe.

Zwischen Basilika r. und Apollotempel l. führt die Strasse auf das Forum. Das **Forum**, der Hauptplatz der Stadt, diente zu Volksversammlungen, zum Marktverkehr, namentlich bevor für diesen besondere Lokale geschaffen waren, und endlich zu Festlichkeiten, zu denen vor dem Bau des Amphitheaters auch die Gladiatorenspiele gehörten: eine um d. J. 1600 gefundene Inschrift spricht von Stierkämpfen, Athletenkämpfen und anderen Spielen, die ein gewisser A. Clodius Flaccus hier zweimal, zuletzt im J. 2 v. Chr., am Apollofeste gegeben hat. Es war für Wagen unzugänglich, alle Zugänge verschliessbar. Auf drei Seiten war es von Säulenhallen umgeben, auf der vierten vom Jupitertempel überragt. Die Säulenhallen waren zuerst in vorrömischer Zeit von dem Quästor Vibius Popidius (Inschr. in Neapel) in Tuff erbaut worden: hiervon Reste im S. und SO.; zu beachten die unvollkommene Bauart mit Holzarchitraven. Die dorischen Säulen mit entsprechendem Gebälk trugen eine obere ionische Halle, von deren Gebälk ein Stück auf der Südseite liegt. In der Kaiserzeit begann man die alte Tuffhalle durch eine Kalkstein-(»Travertin«-)Halle zu ersetzen, deren Reste auf der Westseite erhalten sind; auch diese war zweistöckig, weniger schön, aber solider gebaut, mit horizontaler Wölbung. Teile der oberen Säulen in der Verkaufshalle nördlich vom Apollotempel. Man war mit dem Neubau noch nicht fertig, als das Erdbeben des J. 63 ihn wieder umwarf. — Die Säulenhalle war auf der Ostseite nicht gleichmässig durchgeführt, sondern es hatten hier die anliegenden Gebäude jedes seine Vorhalle. — Auf der Nordseite steht links neben der Front des Jupitertempels ein einst marmorbekleideter Triumphbogen; ein entsprechender rechts ist, wie noch kenntlich, weggenommen worden, um den Blick auf den weiter zurückliegenden Bogen frei zu machen. Die Travertinfliesen des offenen

Raumes sind durch antike Ausgrabungen grösstenteils entfernt worden. An der Säulenhalle entlang lief eine Travertinstufe (wie meistens, wo eine obere Säulenstellung war: nur z. T. erhalten), und unter derselben eine Rinne, in die das Regenwasser durch kleine halbrunde Öffnungen (sichtbar vor der Basilika) abfloss; aus dieser floss es durch Abzugskanäle aus der Stadt. Auf der Stufe standen Statuen (vier Basen mit Inschriften sind erhalten), vor derselben Reiterstatuen: zahlreiche Basen sind erhalten, darunter eine, SO., mit Marmorbekleidung und Inschrift. Auf der Westseite eine gemeinsame Basis für mehrere Reiterstatuen. Die grosse bogenförmige Basis in der Mitte der Südseite trug wahrscheinlich die Statue des Augustus; die beiden r. und l. Claudius und Agrippina, die kleinere weiter vorwärts Nero als Kronprinz. — Auf der Nordseite diente vermutlich die Terrasse vor dem Jupitertempel als Rednerbühne. Unbekannt ist die Bestimmung der drei kleinen, durch Treppen zugänglichen Tribünen auf der Ostseite.

Wir betrachten jetzt die das Forum umgebenden Gebäude und beginnen in der SW.ecke mit der

Basilika. Basiliken (eine wahrscheinlich in der Zeit nach Alexander entstandene Gebäudeform) legte man an, um das Forum durch einen dem Marktverkehr und der Rechtspflege (hierfür das erhöhte Tribunal am W.-ende) dienenden Raum zu entlasten. Die Basilika, der bei weitem grossartigste Bau Pompejis, war ganz bedeckt, Mittelraum und Umgänge wesentlich gleich hoch. Die Säulen im Innern (Kapitell nicht erhalten) waren etwa 10 m hoch und reichten mit ihrem Gebälk bis an die Decke des Innenraumes. Dagegen war die architektonische Gliederung der Wände zweistöckig angeordnet, so dass über den etwa 6 m hohen Halbsäulen und den ebenso hohen Eingangssäulen (von beiden ionische Kapitelle erhalten) mit ihrem Gebälk noch ein oberer Wandteil folgte, welcher ausgedehnte, durch Säulen geteilte, von eigentümlich gestalteten Dreiviertelsäulen pfostenartig eingefasste Öffnungen enthielt und im übrigen teilweise mit Halbsäulen verziert war (s. beistehende Figur, Aufriss der Langseite). Von diesem oberen Wandteil stammen die an den Wänden aufgestellten korinthischen Säulen-Fragmente aus Tuff.

Das Tribunal am W.-ende war auch zweistöckig. Die korinthischen Kapitelle des Unterstocks (die der Halbsäulen und der Dreiviertelsäulen an den Vorderecken sind erhalten) unterscheiden sich von denen des oberen Wandteils des Hauptraumes nur durch ein Blatt unter den Voluten. Die Fragmente der Fassade des Oberstockes stehen l. an der Wand des Hauptraumes: sie war gestaltet als eine mit Halbsäulen verzierte Wand, unterbrochen durch von schmalen Pilastern flankierte Fenster (s. die Fig. S. 18, Aufriss der Rückseite). Die Höhe des Tribunals wird der des Hauptraumes gleich gewesen sein. Der kellerartige Raum unter dem Tribunal konnte, wegen des mangelnden Verschlusses der Fenster, kein Gefängnis sein, höchstens zu ganz provisorischer Bewachung eines Angeklagten benutzt werden; vielleicht diente er, um durch die Löcher in der Decke den oben fungierenden

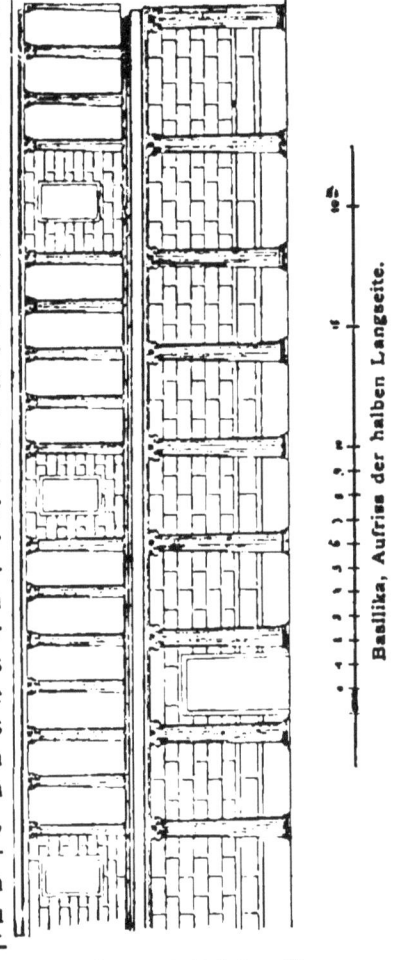

Basilika, Aufriss der halben Langseite.

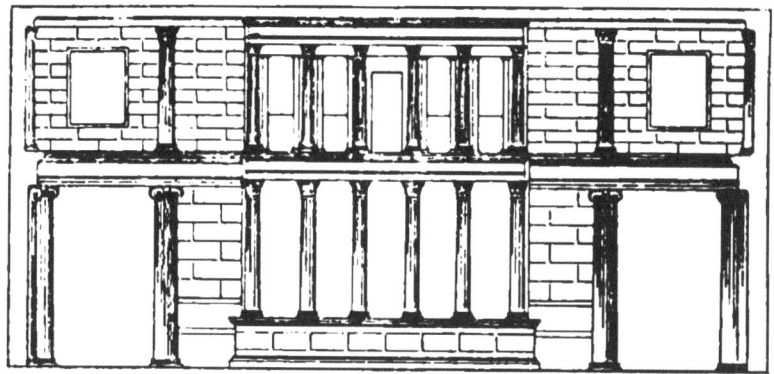

Basilika: Aufriss der Rückseite.

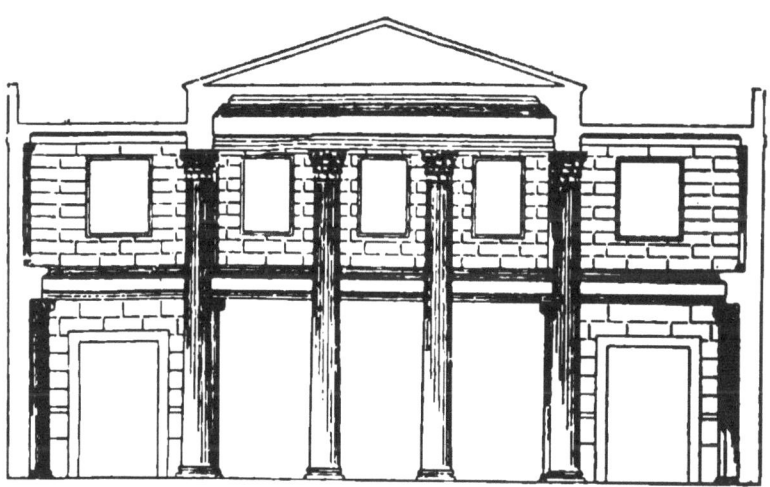

Basilika: Querschnitt.

Beamten irgend etwas hinaufzureichen. Das Tribunal war zugänglich durch eine Holztreppe in dem Treppenraum r.; der l. enthielt vielleicht eine ebensolche zum Oberstock, doch ist diese später abgeschafft und die betr. Thür vermauert worden. Vor dem Tribunal steht eine Basis für eine Reiterstatue, von der nichts gefunden ist.

In betreff der Bedachung des ganzen Gebäudes ist das wahrscheinlichste, dass ein grosses Satteldach nur über dem Mittelraum zwischen den Säulen lag, während die Umgänge und das Tribunal von flachen Terrassen, die diesem anliegenden Zimmer von besonderen Dächern bedeckt waren (s. die Figur S. 18, Querschnitt).

Die Dekoration der Wände (erster Stil) ahmt Bekleidung mit Marmorplatten nach.

Die Vorhalle gegen das Forum war unbedeckt. Ihren Verschluss erkennt man am besten l. am 2. Eingang von L.: durch die Thüröffnungen, welche so hoch waren wie die Forumsäulen, war in der Höhe von 2,40 m ein starker Querbalken gezogen. In die von hier aus abwärts gehenden Rillen in den Thürpfosten waren Holzrahmen eingelassen und unten mit Eisen befestigt; an ihnen hingen leichte Gitterthüren; diese schlugen gegen einen senkrechten Balken, welcher in der Mitte jeder Thüröffnung in dem erwähnten Querbalken und in einem Loch in der Schwelle befestigt war.

Links von der Vorhalle ein Brunnen zur Aufnahme des auf das Dach fallenden Regenwassers. Die Treppe daneben führte auf den oberen Umgang der Säulenhalle des Forums.

Aus der Seitenthür der Basilika über die Strada della Marina zum

Tempel des Apollo. Die Benennung beruht auf einer oskischen Inschrift im Fussboden des Tempels (Kopie: das Original in Neapel), nach welcher der Quästor Oppius Campanius den Fussboden aus dem Schatz des Apollo hat machen lassen. Im Tempel liegt der Omphalos; auf dem ersten Pilaster rechts am Hofe ist ein grosser Dreifuss gemalt; beides Symbole des Apollo. Im Tempel selbst wurde keine Statue gefunden. Derselbe, in vorrömischer Zeit erbaut, nach 63 n. Chr. modernisiert, hat einen äusseren Umgang von korinthischen Säulen, der sich vorn zu einer Vorhalle erweitert, und liegt in einem Hofe mit zweistöckiger Säulenhalle. Dass diese zweistöckig war, erhellt aus dem horizontalen Zwischenboden, dessen Balkenlöcher in den Gebälkblöcken sichtbar sind, sowie auch aus einigen eingeritzten Linien, welche auf einigen Gesimsblöcken (dem 4. und 5. l.) die Plätze der oberen Säulen bezeichnen. Doch ist es wohl zweifelhaft, ob nach dem Erdbeben des J. 63 auch die obere Säulenhalle hergestellt wurde. — Die aus der r. Wand des Hofes ungleich vorspringenden Pilaster gleichen den Winkel aus, den die Axe des Tempels mit der des Forums bildet. Die Zwischenräume zwischen ihnen waren in einer früheren Periode offen, und zwei derselben (der 3. und 4. von N.) sind wahrscheinlich immer offen geblieben und nur modern vermauert.

Der grosse Kalkstein-(»Travertin«-)Altar vor dem Tempel ist von den 4 Quattuorvirn (d. h. den Duumvirn und Ädilen) erbaut, wahrscheinlich, da alle vier kein Cognomen haben, noch in republikanischer Zeit. — Auf der Säule 1. von der Treppe stand eine Sonnenuhr, gestiftet nach der Inschrift von 2 Duumvirn. — Was auf dem Lavafundament r. von der Treppe stand, ist unbekannt. — Auf den beiden Basen an der vorderen Säulenreihe standen r. ein Hermaphrodit, l. Venus, Marmorstatuen unter Lebensgrösse (Neapel), vor Venus ein Altar. An den seitlichen Säulenhallen an der 3. Säule r. Apollo, l. Diana, Bronzestatuen (Neapel); vor Diana ein Altar, vor Apollo nicht, da ihm der grosse Altar geweiht war. Weiter r. Hermes (Merkur) in einer Gestalt, wie er auch in Palaestren (Turnplätzen) aufgestellt wurde: vgl. unten S. 48; gegenüber stand eine ähnliche weibliche Herme (Neapel), wohl sicher seine Mutter Maja. Was an der 9. Säule r. stand, ist unbekannt.

Die Malereien des Hofes sind fast ganz unkenntlich geworden; sie enthielten Bilder mit Darstellungen aus der Ilias.

Merkur und Maja hatten einen gemeinsamen Kult, den das aus Sklaven und Freigelassenen bestehende Kollegium der *Ministri Mercurii (et) Maiae* besorgte, welches später sich dem Kaiserkultus widmete und sich *Ministri Augusti Mercurii Maiae*, dann seit 2 v.

Chr. einfach *Ministri Augusti* nannte. Sie stellten alljährlich ein Weihgeschenk auf; die darauf bezüglichen Inschriften (die letzte datierte 40 n. Chr.) wurden nicht an ihrem Ort, sondern in der Stadt zerstreut gefunden.

In jeder Ecke der Säulenhalle stand auf einer Basis eine Figur, von der aus ein Wasserstrahl in ein davor stehendes Wasserbecken fiel (r. hinten Leitungsröhre sichtbar). — Am hinteren Ausgang des Tempelhofes das Zimmer des Küsters (*aedituus*).

Durch diesen hinteren Ausgang gelangt man auf einen kleinen Platz, an dem früher eine kleine dorische Säulenhalle lag. Später sind in dieselbe das Zimmer des Küsters und sonstige Räume unbekannter Bestimmung hineingebaut, zugleich auch andere Räume (Verkaufshallen?) an dem Platze selbst angelegt worden.

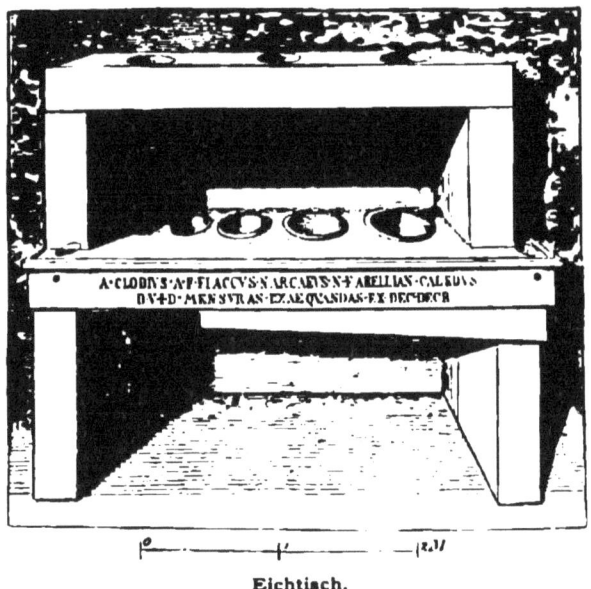

Eichtisch.

Hinten aus dem Tempelhofe, dann r., auf das Forum. Hier gleich rechts die Treppe zum Oberstock der kleinen dorischen Säulenhalle hinter dem Apollotempel, von dem aus man auch in den oberen Umgang des Tempelhofes und von da vermutlich in den des Forumsportikus gelangte.

Noch weiter r. Nr. 31 der steinerne **Eichtisch** mit den Normalmaassen, letztere je mit einem Loch unten zur Entleerung (rohe Nachbildung; Original in Neapel). Der kleine Raum zwischen Nische und Treppe war wohl der Platz des die Maasse kontrollierenden Beamten.

Der Eichtisch hatte ursprünglich oskisches Maass und oskische Beischriften; kenntlich *kuiniks*, d. i. *Choinix*: die Pompejaner gaben also in vorrömischer Zeit ihren Maassen griechische Namen. Zur Zeit des Augustus liessen die Duumvirn A. Clodius Flaccus und N. Arcaeus Arellianus Caledus ihn auf röm. Maass einrichten (Inschr.: *mensuras exaequandas*).

Zurück weiter l. am Forum ein nach dem Erdbeben des J. 63 erbauter Gebäudekomplex. Zuerst

Nr. 29. **Verkaufshalle**, vielleicht Gemüsemarkt, jetzt benutzt als Magazin für auf dem Forum gefundene Baustücke.

Von den kleineren Säulen stammen die stärkeren, mit geschweifter Platte, vom Oberstock des Forums, die dünneren mit quadratischer Platte von dem der Vorhalle des Gebäudes der Eumachia (s. unten S. 29). Unbekannt ist die Bestimmung der hohen Basen für Halbsäulen, deren noch 4 in einem Hause (Nr. 31) an der SO.ecke des Forums stehen.

Nr. 28. **Öffentlicher Abtritt** mit Vorraum, so angelegt, dass man nicht hineinsehen kann. Vorn Zufluss für Wasser, an der Rückseite Ableitung in eine Kloake.

Nr. 27. **Gefängnis? Schatzkammer?** Ein dunkles, gewölbtes Lokal (jetzt als Magazin benutzt), bestehend aus zwei Abteilungen, von denen nur die erste durch einen Schlitz in der Decke Licht erhält. Der Eingang war durch eine eisenbeschlagene Thür geschlossen. Wenn es eine Schatzkammer ist, so könnten die beiden oberen Lokale, die sich ladenartig auf die oberhalb der Treppe Nr. 26 vorbeiführende Strasse öffnen, aber ziemlich hoch über derselben liegen, der Kassenverwaltung gedient haben.

Das Forum ist hier durch eine Mauer abgeschlossen; in den Durchgängen Spuren der Thürangeln. In der Mitte der N.seite liegt:

Der **Tempel des Jupiter**, vielleicht in vorrömischer Zeit begonnen, in frührömischer Zeit vollendet, der grösste Tempel Pompejis. Die Benennung beruht auf dem Funde eines kolossalen Jupiterkopfes (in Neapel: s. das Titelbild) und einer Inschrift, welche eine Widmung an Jupiter zu Ehren des Caligula enthält. Die Höhe ist aus der aufgerichteten Säule der Vorhalle ersichtlich. Ein diese Seite des Forums darstellendes Relief (s. unten S. 63) beweist, dass auf den Treppenwangen Reiter-Statuen, auf der Plattform in der Mitte der Treppe ein Altar stand. Diese Plattform diente vermutlich auch als Rednerbühne. Die weite Thür der Cella erschien noch grösser durch die auf jeder Seite 1,25 m breite Holzverkleidung,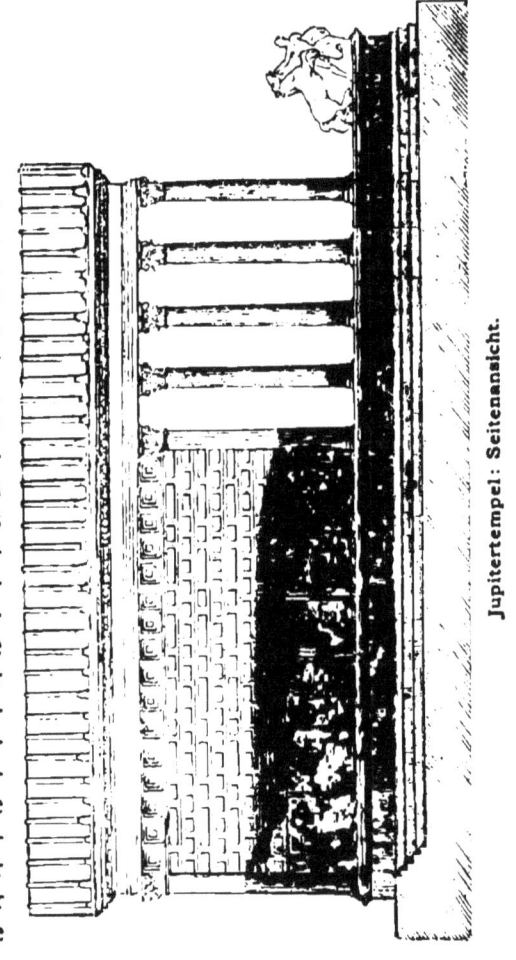

Jupitertempel: Seitenansicht.

und dadurch dass die Flügel nicht in der Thüröffnung, sondern vor ihr lagen und breiter waren als dieselbe: man sieht die Steine mit den viereckigen Löchern für die Pfannen, in denen ihre mächtigen Zapfen sich drehten.

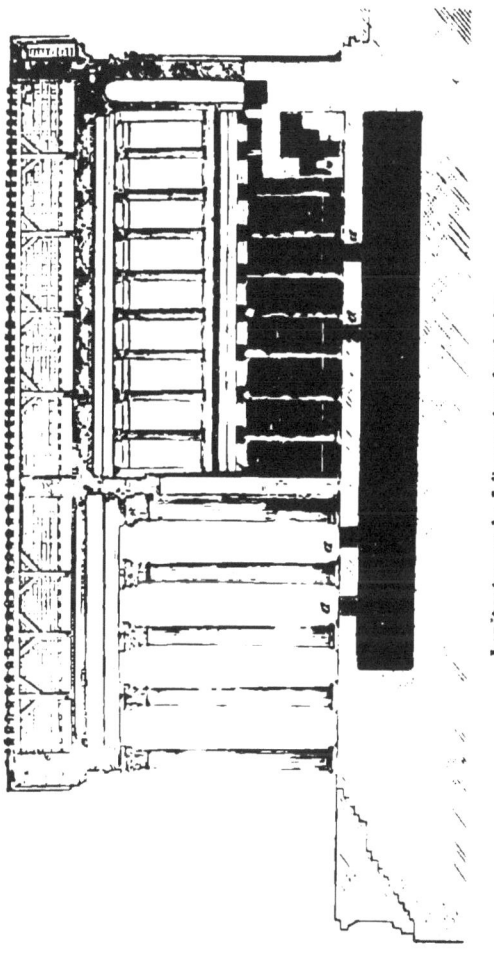

Jupitertempel: Längendurchschnitt.

Die Säulen im Innern dienten als Dekoration und um die Decke zu stützen; über den z. T. erhaltenen ionischen musste eine zweite Reihe wahrscheinlich korinthischer Säulen stehen, zwischen denen Weihgeschenke, auch kleinere Statuen, stehen konnten. Der Fussboden bestand in der Mitte aus Marmorplatten, ringsum aus Mosaik; die Öffnungen (*a* in beistch. Durchschnitt) in demselben dienen zur Erleuchtung der vom Forum, rechts, zugänglichen Gewölbe des Unterbaues, die jetzt als Magazin, im Altertum vielleicht als Schatzkammer, vielleicht auch zur Aufbewahrung von Tempelgerät dienten. Von der Malerei der Wände (2. Stils) sind einige Reste,

Marmorbekleidung und ein Gesims darstellend, hinten links erhalten. Die grosse Basis an der Rückwand, zu der links eine Treppe hinaufführt, konnte ihrer Ausdehnung nach drei Götterbilder tragen; in den Kammern darunter konnte der Schmuck verwahrt sein, der ihnen an Festtagen angelegt wurde. Wahrscheinlich standen hier Jupiter, Juno und Minerva, wie auf dem Kapitol, und führte auch dieser Tempel den Namen Kapitolium, wie dies in Kolonien üblich war. Doch war zur Zeit der Verschüttung der Kult dieser Gottheiten in dem kleinen Tempel an der Stabianer Strasse (S. 42) provisorisch untergebracht.

Von dem Bogen l. vorn und den Spuren des abgetragenen Bogens r. war schon S. 15 die Rede. R. weiter zurück der den Eingang zum Forum bildende verschliessbare **Triumphbogen**. Von seiner Marmorbekleidung ist wenig erhalten; die Nischen der Aussenseite enthielten je einen Brunnen, die der Innenseite Statuen, darunter, nach einer in der Nähe gefundenen Inschrift, die des 31 n. Chr. von Tiberius getöteten Nero, Sohnes des Germanicus. Daneben noch ein verschliessbarer überwölbter Zugang zum Forum.

Weiter an der NO.ecke des Forums:

Nr. 4—12. Das **Macellum**, die Viktualienmarkthalle. Nach dem Forum zu eine Vorhalle, von deren Marmorsäulen eine fast vollständig erhalten ist. An den Säulen, sowie auch gegenüber zwischen den Läden, stehen Statuenbasen. Ganz rechts eine kleine, einst marmorbekleidete Kapelle. Zwischen den beiden Eingängen eine säulengetragene Ädicula für eine Statue. Das Innere ist ausserdem noch durch zwei grössere Eingänge r. und l. zugänglich. Im Innern lief ringsum eine einstöckige Säulenhalle, die aber nach dem Erdbeben von 63 nur auf einem Teil der l. Seite wieder aufgebaut war; ihre Höhe (bis ans Dach) ergiebt sich aus der in ganzer Höhe (5,94 m) erhaltenen Wand gegen das Forum.

Zu beachten ist die Malerei dieser Wand, 4. Stils: schwarze Felder mit rotem Rande, abwechselnd Bilder und schwebende Figuren enthaltend, umsäumt von stilisierten Pflanzenmotiven; dazwischen architektonische Durchblicke in schönen, lebhaften Farben. Von den beiden erhaltenen Bildern zeigt das eine Io von Argos bewacht, das andere Odysseus und Penelope vor der Erkennung. Oben Fische, Geflügel und andere hier einst käufliche Dinge.

Die geschickte und übersichtliche Anordnung des Ganzen, die gut gewählten und verteilten Farben, namentlich die sparsame Verwendung des Gelben, mit dem sonst die pompejanischen Maler oft Missbrauch treiben, die Fülle von schönen Einzelheiten, namentlich in den phantastischen Architekturen und den sie belebenden Figuren (z. B. die schöne Viktoria auf dem Zweigespann r. über Io und Argos): alles dies macht diese Wand zu einer der erfreulichsten Leistungen des letzten pompejanischen Stils. Sehr geschickt hat der Maler das Bedürfnis grösserer Flächen mit dem Verlangen nach einer reicheren Entwickelung der phantastischen Architektur zu vereinigen gewusst, indem er den roten Rand der grossen Felder durch einen Teil der Architekturprospekte hindurchführte. Viel weniger wertvoll sind die Bilder, vielleicht sind sie späterer Zusatz.

Rechts Läden mit Oberräumen, an denen eine Holzgalerie entlang lief, deren Balkenlöcher sichtbar sind. In der Mitte wahrscheinlich ein von 12 auf Basen stehenden Säulen getragener Kuppelbau (*tholus*): dass ein solcher zu einem Macellum gehörte, ist durch Münzen und schriftliche Erwähnung bezeugt. An einem hier befindlichen (jetzt nicht sichtbaren) Wasserbassin wurden die Fische geschuppt: grosse Mengen von Schuppen sind im Abzugskanal (nach SO.) gefunden worden.

Auf der Rückseite hatten die beiden Räume r. und l. je zwei Säulen im Eingang. Der Raum r. enthält eine Fleischbank; der linke Teil derselben, mit Vorrichtung für Wasserabfluss, vielleicht für Fische. — Das mittlere Lokal war eine Kapelle für den Kultus der Kaiserfamilie; sie enthält Gipsabgüsse der dort gefundenen beiden Statuen (welche aber beide rechts standen). Sie stellen wahrscheinlich Octavia, die Schwester des Augustus, und ihren Sohn

Marcellus dar. Ausserdem wurde hier ein Arm mit einer Weltkugel gefunden: Jupiter oder ein göttlich verehrter Kaiser. — Das Lokal l. diente wohl auch dem Kaiserkultus; die einzelnen Vorrichtungen sind unerklärt; die niedrige mit einer schwarzen Platte bedeckte Aufmauerung scheint ein Altar für Trankopfer zu sein. Vielleicht hielt hier das Kollegium der Augustalen (S. 2) seine Festschmäuse.

In dem kleinen ummauerten Gelass l. hinten im Hauptraum fand man Knochen von kleineren Tieren, wie von Schafen und Ziegen. — Ein Geldkasten mit 1128 Silber- und Kupfermünzen wurde in der Nähe des Nordeinganges gefunden.

Zum Macellum gehören noch die Läden aussen auf der Nordseite. Dass man diesen ihren Eingang von aussen, nicht vom Säulengange aus, gab, lag wohl daran, dass man, der Konservierung der Waren wegen, keine nach Süden geöffneten Läden wollte.

Rechts anstossend Nr. 3, das sogenannte **Senaculum**, eine auf das Forum weit geöffnete Halle, in der man mit Unrecht den Sitzungssaal des Stadtrates hat erkennen wollen. Der Raum war sehr prachtvoll: Marmorfussboden und Marmorbekleidung an den Wänden, wahrscheinlich unbedeckt. In der Mitte ein Altar. In der Apsis auf der Rückseite eine Kapelle mit einer Stufe für mehrere Statuen; auf dem vorspringenden Sockel der Apsis standen jederseits 2 Säulen und 2 Halbsäulen, wie an den eingelegten Steinen kenntlich. R. und l. je ein Seitenraum, eine Art Kapelle (antik wohl *ala* genannt) mit 2 Säulen im Eingang und einer Statuenbasis. Acht Nischen für weitere Statuen im Hauptraum. Vor dem Gebäude sieht man im Rande des Forums die Steine für eine Säulenreihe; doch kann diese nur als Zierde gedient, nicht ein Dach getragen haben, für welches das obere Auflager fehlt. Aus dem r. Seitenraum führt eine Thür in unregelmässige Räume (jetzt Magazine), die mit den beiden folgenden Gebäuden in

Verbindung standen. Vielleicht ist es ein Heiligtum der Schutzgötter der Stadt, *Lares publici*. — Rechts anstossend:

Nr. 2. Der **Tempel des Vespasian** (oder seines Genius), ohne Grund Merkurtempel genannt. Der Hof hatte nur vorn eine Säulenhalle. Das Relief des Altars zeigt ein Stieropfer: ein Stier war das dem Genius des regierenden Kaisers gebührende Opfer; der im Hintergrund des Reliefs sichtbare Tempel ist ohne Zweifel eben dieser, welcher also 4 Säulen in der Front hatte. — Auf der Rückseite des Altars Eichenkranz (Bürgerkrone) und Lorbeern: seit 13 v. Chr. die Wahrzeichen des kaiserlichen Hauses; auf den Seitenflächen Opfergerät. Also war der Tempel einem Kaiser geweiht, und zwar, da er nach dem Erdbeben von 63 erbaut und im J. 79 noch nicht fertig war, am wahrscheinlichsten dem Vespasian. — Hinter dem Tempel drei jetzt als Magazine benutzte Zimmer. Die Wände der Säulenhalle auf der Eingangsseite des Hofes waren mit Marmor bekleidet, die des Hofes selbst waren zur Zeit der Verschüttung noch roh, also unfertig. — Rechts anstossend:

Nr. 1. Das **Gebäude der Eumachia**. Auf die Erbauung desselben bezieht sich die Inschrift, welche unvollständig auf den Gebälkstücken am Forum, vollständig auf der Marmorplatte über dem Seiteneingang r. (Strada dell' Abbondanza) steht; sie besagt, dass die Priesterin Eumachia, zugleich im Namen ihres Sohnes M. Numistrius Fronto, das **Chalcidicum** (d. h. die Vorhalle am Forum), die **Portiken** (den inneren Hof mit seinen Säulenhallen) und die **Crypta** (den an drei Seiten des inneren Hofes umlaufenden bedeckten Gang), d. h. also das ganze Gebäude auf eigene Kosten erbaut und der *Concordia Augusta* und der *Pietas* geweiht hat: letzteres eine Andeutung der Widmung an den regierenden Kaiser und dessen Mutter, Tiberius und Livia. In der Crypta steht die Statue der Erbauerin, von den Tuchwalkern (*fullones*) errichtet. Hie-

raus darf geschlossen werden, dass das Ganze eine Markt-
halle für Wollenstoffe war.

Die Vorhalle (Chalcidicum) hatte zwei Säulenreihen
übereinander (vgl. oben S. 22); am Fuss jeder Säule eine

Gebäude der Eumachia: Innenansicht.

Statue. In der marmorbekleideten Rückwand zwei durch
Treppen (rechts modern vermauert) zugängliche Tribünen

unbekannter Bestimmung. Der Eingang (nicht gewölbt) hatte eine schöne, ein Pflanzengewinde darstellende Marmoreinfassung (in Neapel). R. eine Bedürfnisanstalt: man erkennt den Platz der wegnehmbaren Amphora, zur Aufnahme der von den Tuchwalkern für ihr Gewerbe benutzten Flüssigkeit. L. in dem letzten Raume r. Rest einer Treppe zu einem über der Crypta gelegenen Gange, l. ein (jetzt nicht kenntlicher) Abtritt unter der Treppe der oben erwähnten Tribüne.

Im Innern sind von den Säulenhallen nur geringe Reste; doch hat ihre Form mit Sicherheit ermittelt werden können. Auf allen vier Seiten standen zwei Säulenreihen übereinander, aber ohne Zwischenboden (wie auch in der Vorhalle); doch waren die der Vorderseite höher als die der anderen Seiten; daher an den Vorderecken Pfeiler, an welche die verschiedenen Säulen angelehnt waren. Von den unteren Säulen der Vorderseite liegt ein Fragment (das grösste) an der r. Wand, ein anderes (Ecksäule) an der r. hinteren Ecke: sie waren 4,50 m hoch; ihnen entsprachen Pilaster an der einst ganz marmorbekleideten Eingangswand: der Platz ihres Architravs ist in der Höhe von 4,50 m kenntlich. Von den unteren Säulen der anderen Seiten stehen einige Fragmente am Platz; Teile ihres Gebälks, sowie auch des Gebälkes ihrer oberen Säulenstellung, liegen an der r. Wand. Der Vorsprung in der Mitte der Rückseite hatte wohl 4 Säulen, welche an den Enden der Vorderseite zu je zweien eng zusammenstanden und ein flaches Dach trugen. Die grosse Apsis hinten, mit Statuenbasis und Nischen für noch 2 Statuen, hatte 3 gewölbte Eingänge; sie überragte den Säulengang und war oben mit einem marmornen Giebelfeld geschmückt, dessen Fragmente an der r. Wand liegen. Die Statue der Concordia Augusta, mit Füllhorn, aber ohne Kopf (der wohl die Züge der Livia trug), wurde im Gebäude gefunden (Neapel). Neben der Apsis zwei kleine Lichthöfe für den hinteren Teil der Crypta.

In dem offenen Raume zwischen den Säulengängen sind vorn und gleich r. zwei Cisternenöffnungen; in der Mitte ein Stein mit einem Ringe, um etwas anzubinden. Verschiedene Aufmauerungen an der r. Seite (Reste von Statuenbasen?) sind jetzt verschwunden. Die Bestimmung der beiden terrassierten Rechtecke an der Rückseite ist unbekannt. In dem bedeckten Umgange, der Crypta, Reste der Malerei 3. Stils. Ebenda, hinten, die der Gründerin von den Tuchwalkern (*fullones*) gesetzte Statue. In der r. hinteren Ecke der Crypta (über dem Seiteneingang) war ein Aufgang zu einem Raume über derselben.

Aus dem hinteren Ausgange (über dem die erwähnte Inschrift) auf die breite Strada dell' Abbondanza. Auf dem zum Gebäude gehörigen Brunnen die Büste der Concordia Augusta, wegen des Füllhorns fälschlich Abundantia genannt; daher der Name der Strasse.

An der Ecke gegenüber sind die zwölf Götter gemalt; von L.: Vesta (mit dem Esel), Diana, Apollo, Ceres, Minerva, Jupiter, Juno, Vulcan, Venus Pompejana, Mars, Neptun, Merkur. Darunter Schlangen, Sinnbilder des Ortsgenius.

Weiter Nr. 10, hübsche Thür aus samnitischer Zeit. Nr. 8, Casa del Cinghiale (Haus des Ebers); das Fussbodenmosaik stellt im Eingang eine Eberjagd, im Atrium eine Festungsmauer dar. Atrium und Peristyl, aus samnitischer Zeit, sind schön und stattlich angelegt; hinten ein weit offener Saal (Exedra) mit 2 Säulen im Eingange.

An der Ecke des Forums liegt:

Nr. 1. Die sogen. **Schule**, so genannt auf Grund missverstandener Inschriften. Bei seiner grossen Breite (circa 18 m) muss der Raum als unbedeckt gelten; er war sehr prachtvoll, ganz mit Marmor bekleidet. Ursprünglich war er durch 10, später nur durch 3 Öffnungen von 2 Seiten zugänglich. Die viereckigen Löcher im Trottoir an der Abbondanza-Strasse dienten dazu, dieses von der Strasse durch ein Gitter oder dgl. abzutrennen, so dass es bei Sperrung des Forums doch mit demselben verbunden, und dieser Eingang des Gebäudes vom Forum aus zugänglich blieb. An der O.seite eine durch eine Treppe zugängliche Tribüne. Eine zweite Tribüne öffnete sich auf das Forum und war von diesem durch eine Treppe zugänglich, wurde aber später, gleichzeitig mit der Mehrzahl der Eingänge, vermauert. Welchem öffentlichen Zweck dieser Raum diente, ob etwa für die Wahlen (*Comitium*, ist unbekannt. Die zweite Säulenreihe dieser Seite des Forums ist mit Rücksicht auf die 5 Eingänge angeordnet. Bei der Erbauung ist das Nachbarhaus verkürzt worden. — In diesem (Nr. 31) sind manche Architekturfragmente, namentlich vom Forum aufbewahrt.

Hier geht die Strada delle Scuole ab. R. Nr. 11 eine Treppe zum Oberstock des Forumportikus. Dann am Forum:

Nr. 10. 8. 6. Die sogen. **drei Kurien,** drei Säle, ähnlicher, aber doch verschiedener Form. Alle drei waren nach dem Erdbeben von 63 wesentlich in ihrer früheren Gestalt wieder aufgebaut worden. Und zwar hatte nur der erste, Nr. 10, auch schon seine Marmorbekleidung innen und aussen erhalten; die anderen waren nur im Rohbau fertig: die Fussbodenreste stammen aus der Zeit vor dem Neubau, sowie auch die dort herumliegenden marmornen Architekturfragmente, u. a. die eines Giebels. Ohne Zweifel hatten hier städtische Behörden ihren Sitz. Der mittlere Saal Nr. 8 war der prachtvollste: auf den Vorsprüngen an den Seitenwänden sollten Säulen stehen, an der Rückseite eine Kapelle mit Stufe für mehrere Statuen, jedenfalls die der kaiserlichen Familie. Da ausserdem der Eingang zwar durch eine Doppeltreppe ausgezeichnet aber eng, also nur für eine beschränkte Zahl von Personen berechnet ist, so kann hier der Sitzungssaal des Stadtrats, der Decurionen, vermutet werden. Alsdann ist es wahrscheinlich, dass in dem linken Saal Nr. 10 die rechtsprechenden Duumvirn, in dem rechten Nr. 6 die Ädilen ihren Sitz hatten. Dieser war nämlich der zugänglichste, teils wegen der Lage an der Ecke, teils weil der Raum vor ihm nicht, wie bei den anderen, abgesperrt werden konnte, und daher für die mit der Marktpolizei betraute Behörde besonders geeignet.

Für sich betrachtet sind diese Gebäude so angeordnet, dass der Decurionensaal als das mittlere hervorgehoben ist. Dagegen im Verhältnis zum Forum betrachtet liegen das mittlere und linke Gebäude an der Symmetrieaxe desselben.

<small>Von der SW.ecke des Forums führt eine Strasse an der S.seite der Basilika entlang. L. an derselben die sogen. Case di Championnet, genannt nach dem französischen General, der hier 1799 ausgraben liess, nicht besonders bemerkenswert. Am Ende der Strasse ein noch nicht ausgegrabener Platz mit allerlei Bautrümmern.</small>

Wir folgen von der SO.ecke des Forums aus der sogen. Strada delle Scuole, welche bald l. umbiegend in einigen Windungen auf das Forum triangulare führt. Im Eingang der Strasse ein Brunnen und daneben die Öffnung, durch welche das Regenwasser noch jetzt in eine Kloake abfliesst. Die Häuser rechts an der Strasse sind mehrstöckig, indem sie, am Abhang des Stadthügels gebaut, noch ein oder mehrere Stockwerke unter dem zu ebener Erde liegenden haben. Sie haben alle schöne Aussicht auf den Golf (z. B. Nr. 16). Nr. 17—21: ganz unten eine Badeanlage mit Malereien 4. Stils, am schnellsten zugänglich durch den Gang Nr. 17. Eine solche ist auch weiterhin das Haus Nr. 23; man gelangt zuerst in einen unbedeckten Raum, der als Turnplatz (Palaestra) diente, wie die bemerkenswerten Wandmalereien andeuten: es sind Athleten dargestellt, teils als Sieger gekrönt, teils nach den Übungen sich den Staub mit dem Schabeisen (*strigilis*) abstreichend, auch ein Kampf, wo der Kampfrichter dem Sieger die Palme reicht. Dahinter die sehr zerstörten Baderäume. — Von den übrigen Häusern ist das bemerkenswerteste das letzte r., Nr. 39, genannt Casa di Giuseppe II., mehrstöckig, mit einem Bade im untersten Stock.

Von hier l. hinab auf die Strada d'Iside; an dieser die Vorhalle des wegen seiner annähernd dreieckigen Gestalt **Forum triangulare** genannten Platzes.

Vom Forum zum Forum triangulare kann man auch gelangen, indem man die Strada dell' Abbondanza weiter verfolgt. Die Strasse ist als Hauptstrasse auch dadurch bezeichnet, dass die Fassaden der Häuser fast durchweg aus Tuffquadern bestehen, vermutlich auf obrigkeitliche Anordnung. Gleich nach dem Brunnen der Concordia r. Nr. 2 (1—7) ein grosses Haus mit zwei Atrien aus samnitischer Zeit; Reste von Malereien 2. Stils. Der nach dem J. 63 begonnene Neubau war zur Zeit der Verschüttung unvollendet. — Weiter abwärts kurz vor dem folgenden Brunnen (mit Minervakopf) im Hause Nr. 9 l. hinten ein überwölbter Raum, und in demselben das Gerippe eines dorthin geflüchteten in der Lage, wie er gestorben ist. — Bei dem Brunnen r. ab.

Das **Forum triangulare** betritt man durch die schöne ionische Vorhalle. Rechts vier Säulen mit Gebälk modern aufgerichtet und ergänzt; doch stehen Architrav und Fries mit der Innenseite nach aussen. Die Rückwand ist nach 63 n. Chr. neu erbaut, mit Konsolen für Statuetten oder sonstige Ziergegenstände. Von den Thüren entspricht die l. der l. Säulenhalle des Platzes, die andere dem durch eine niedrige Mauer von dem unbedeckten Raume desselben abgeschnittenen Streifen. Diese letztere Entsprechung wird noch klarer dadurch, dass, wie an der Schwelle kenntlich, vor dem Neubau die Thür schräg durch die Mauer ging, in der Richtung eben jenes Streifens, welcher dadurch als eine Wandelbahn (*ambulatio*) kenntlich wird.

Die dorischen Säulenhallen umfassten mit 100 Säulen drei Seiten des Platzes; die vierte, der Ebene zugewandte, blieb frei. L. ist kenntlich, dass sie ausser dem Dache auch eine gleich über dem stuckbekleideten Architrav liegende horizontale Decke hatten. An der Vorderseite fiel ein Wasserstrahl aus einer durch eine Säule gehenden Röhre in ein Marmorbecken, dessen Fuss erhalten ist. Diesem gegenüber steht die Basis der nicht erhaltenen Statue des M. Claudius Marcellus, des früh verstorbenen Neffen des Augustus. Derselbe war Patron von Pompeji:

ein Titel, welchen die Kolonien und Municipien hochstehenden und einflussreichen Männern verliehen, welche dafür die Verpflichtung übernahmen, ihre und ihrer Bürger Interessen in Rom und sonst zu vertreten. Weiterhin die Reste des **griechischen (dorischen) Tempels**, mit nach SO. gerichteter Front. Erhalten ist der zum grossen Teil modern ergänzte Unterbau, Reste

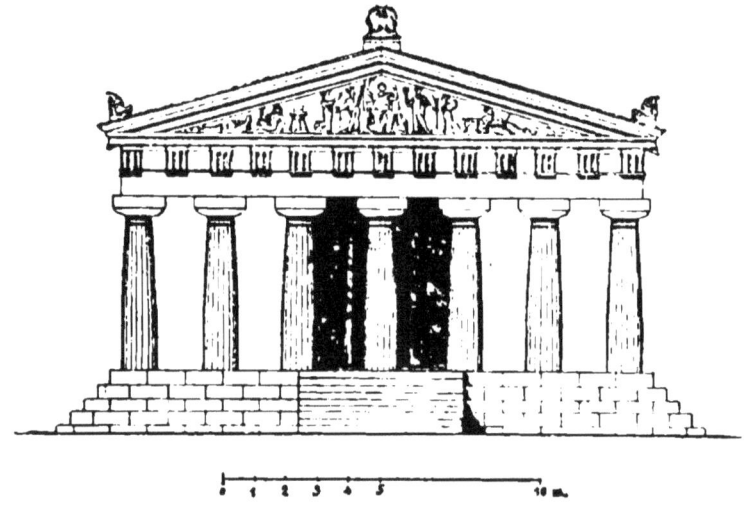

Vorderansicht des griechischen Tempels.

der Cellamauer, Reste zweier Säulen r. hinten, vier Kapitelle, deren weit ausladendes und geschwungenes Profil dem der ältesten Tempel von Paestum und Selinunt gleicht. Der Grundriss der Cella ist kürzlich durch Ausgrabung festgestellt worden (s. den Grundriss). Der Tempel war ein Pseudodipteros, d. h. die dritte und drittletzte Säule jeder Seite entsprach einer Ecke der Cella. Sieben Frontsäulen hat auch der Zeustempel in Girgenti. — Der Tempel war zur Zeit der Verschüttung schon zerstört und an seiner Stelle ein dürftiges Heiligtum erbaut worden. Diesem letzteren gehört die aus einer Säulentrommel hergestellte runde Basis an: sie steht auf einem (nicht sichtbaren) grossen viereckigen Steinblock, welcher genau neben der Axe des alten Tempels liegt, und in diesem vielleicht, zusammen mit noch einem gleichen Block, einen vor dem Götterbild stehenden Altar trug. Auf der Basis r. neben der Cella stand vielleicht ein überlebensgrosser thönerner Hirsch, von dem geringe Fragmente gefunden worden sind. Der Hirsch ist mehreren Göttern heilig; unter anderen dem Apollo; und da auch am Fuss des Hügels eine verstümmelte Statue gefunden worden ist, die nicht ohne Wahrscheinlichkeit für Apollo gehalten wird, so vermutet man, dass der Tempel dem Apollo geweiht war und, nach seiner schon frühzeitig erfolgten Zerstörung, durch den Apollotempel am Forum (oben S. 19) ersetzt wurde. Doch ist wegen der gleich zu erwähnenden Altäre wahrscheinlich, dass hier mehrere Gottheiten verehrt wurden.

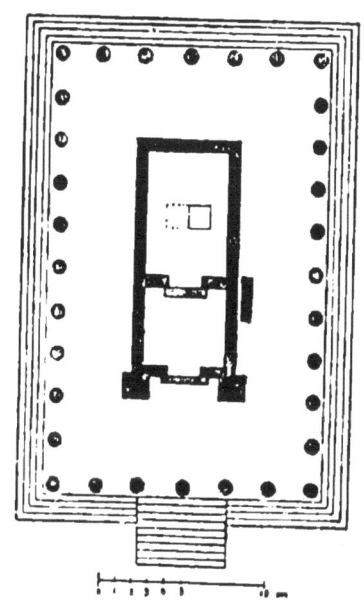

Grundriss des griechischen Tempels.

Der Treppe gegenüber eine durch eine höhere äussere und eine niedrige innere Mauer gebildete Einfriedigung, wahrscheinlich ein Grab, da zwischen den beiden Mauern Knochen gefunden worden sind. — L. drei Altäre aus Tuff, darunter einer mit 3 Abteilungen auf der Oberfläche, also wohl drei Gottheiten geweiht. — Weiter zurück ein Brunnen mit Resten des ihn einst bedeckenden Kuppelbaues (errichtet, nach Inschrift, vom Medix N. Trebius). — Endlich an der l. hinteren Ecke des Tempels eine **halbrunde Bank** (*schola*). Man fand auf ihr eine Sonnenuhr und eine Inschrift, welche besagt, dass zwei Duumvirn, dieselben, welche die Sonnenuhr beim Apollotempel am Forum (oben S. 20) stifteten, die Bank und die Uhr (*horologium*) haben machen lassen.

Das Forum triangulare war ursprünglich das zum Tempel gehörige Grundstück. Aber schon in vorrömischer Zeit wurde es durch Erbauung der Säulenhallen und der Vorhalle in enge Beziehung zum Theater gebracht: die Säulenhallen waren vor allem bestimmt, dem Theaterpublikum bei Regenwetter Schutz zu bieten; die Vorhalle war der einzige monumentale, daher sicher der offizielle und festliche Zugang zum Theater. Von den beiden Durchgängen der Vorhalle war der in der Mitte nur durch eine leichte Gitterthür, der linke aber durch eine doppelte Flügelthür geschlossen. Offenbar wurde dieser nur geöffnet, wenn im Theater gespielt wurde. Alsdann zogen die spielgebenden Behörden, vom Forum kommend, in festlichem Zuge durch dies Thor und die l. Halle des Forum triangulare; aus dieser l. hinunter über die grosse Treppe und weiter geradeaus durch eine jetzt nicht mehr vorhandene Säulenhalle in der Fortsetzung der Treppe, da wo jetzt die nördlichen Zellen der Gladiatorenkaserne liegen; so gelangten sie geradeaus in das kleine, zweimal l. umbiegend, immer unter Säulenhallen, auf die Bühne des grossen Theaters.

L. am Forum triangulare zuerst:

Die **Palaestra** (sogen. Curia Isiaca) ein Turnplatz für Knaben, ursprünglich grösser, so dass die grosse Basis in der Mitte lag, nach dem Erdbeben des J. 63 zu Gunsten des Isistempels verkürzt. An der Westseite Auskleideräume. Auf der Basis wurde eine Statue gefunden, welche nach der Beschreibung in den Ausgrabungsberichten nicht wohl eine andere gewesen sein kann, als der Doryphorus (Speerträger) des Polyklet im Museum zu Neapel.

Dabei ist freilich die Schwierigkeit, dass der Fuss der Statue nicht in das auf der Basis befindliche, offenbar zur Aufnahme des Statuenfusses bestimmte Loch passt. Aber vielleicht stand hier ursprünglich eine andere Statue; als dann diese durch den Doryphorus ersetzt wurde, konnte derselbe, wegen des zu grossen Fusses, nicht in das Loch eingelassen werden und wurde deshalb darüber gestellt. Die ganze Vorrichtung erklärt man so, dass bei Wettkämpfen der dem Sieger bestimmte Kranz auf dem Steintisch vor der Basis lag, dann aber der Sieger auf die Treppe stieg und ihn der Statue aufsetzte. Diese ist wohl mit Unrecht als Speerträger ergänzt worden, war vielmehr ein Merkur und trug auf der Schulter den geflügelten Schlangenstab (*caduceus*).

Das grosse Theater. Wir betreten es durch eine der Thüren, welche zunächst in einen gewölbten Gang (*crypta*) und weiter auf die Höhe des 2. Ranges (*media cavea*) führen. Der über das Forum triangulare aufragende Teil ist fast ganz erst nach der Ausgrabung auf antiken Spuren aufgebaut worden.

Der Zuschauerraum zerfällt in 3 Ränge. Der oberste, *summa cavea*, über der Crypta, ist zugänglich durch mehrere Treppen. Der mittlere, *media cavea*, zugänglich von oben aus der Crypta, von unten aus den Seiteneingängen der Orchestra: 15 Marmorstufen, durch 6 den oberen Zugängen entsprechende Treppen in 7 Keile (*cunei*) geteilt. Der unterste, *ima cavea*, 4 breite und niedrige Stufen, auf welche die Sitze (*bisellia*) der Stadträte (Decurionen) gestellt wurden. Auch die Orchestra diente als Sitzraum. Im ganzen fasste das Theater etwa 5000 Zuschauer. Oben am Rande auf der Innenseite Steinringe für Masten, an denen das Segel zum Schutz gegen die Sonne befestigt war: sie finden sich bei anderen Gebäuden (z. B. am Kolosseum) auf der Aussenseite.

Zurück auf das Forum triangulare und l. die grosse Treppe hinunter, dann l. zum l. Eingang der Orchestra; über demselben als Schlussstein des Gewölbes ein aus samnitischer Zeit stammender Satyrkopf aus Tuff. Aus diesem Eingange, sowie aus dem gegenüberliegenden, gelangt man einerseits auf die kleinen Plattformen über den Eingängen, Tribunale genannt: auf einem derselben war der Sitz des den Spielen vorsitzenden Beamten, auf dem anderen vielleicht der der Priesterinnen (in Rom der Vestalinnen). Andererseits kommt man auf die Praecinctio, d. h. den die beiden untersten Ränge trennenden Gang. Die Bühne war durch Treppen aus der Orchestra zugänglich: vielleicht betrat der einen Boten darstellende Schauspieler auf diesem Wege die Bühne. Die halbrunde Nische war der Platz eines aufsichtführenden Beamten. Zunächst der Orchestra ist der Raum für den zu Anfang des Spieles herabfallenden, am Schluss aufsteigenden Vorhang, durch viereckige Öffnungen steht er in Verbindung mit einem unterirdischen Gang. Der hierbei angewandte Mechanismus ist nicht genügend aufgeklärt. Weiter die Mauer, welche den Holzfussboden der Bühne trug; in der Vertiefung Reste unerklärter Vorrichtungen. Die Rückwand der Bühne stellte eine Palastfassade mit 3 Thüren dar: sie war bei Aufführungen durch Dekorationen verdeckt, die seitwärts fortgezogen werden konnten (*scena ductilis*). Dahinter der Ankleideraum für die Schauspieler, auch zugänglich durch eine Rampe, um grössere Apparate auf die Bühne zu bringen. Seitwärts hat die Bühne zwei grosse Thore für festliche Aufzüge.

Es wurde schon oben (S. 37) bemerkt, dass die grosse Treppe vom Forum triangulare in einer älteren Zeit fortgesetzt wurde durch eine Säulenhalle (die Regenrinne derselben ist erhalten), welche zweimal rechtwinkelig umbiegend auf den östlichen grossen Seiteneingang der Bühne zuführte: offenbar war dieser ganze Weg für solche, durch die Vorhalle des Forum triangulare eingetretene Aufzüge bestimmt.

Auf der Bühne liegt eine Nachbildung einer Inschrift, nach welcher M. Holconius Rufus und M. Holconius Celer auf eigene Kosten *cryptam, tribunalia, theatrum* gebaut haben. Sie bezieht sich auf eine zur Zeit des Augustus vorgenommene Erneuerung des in samnitischer Zeit erbauten Theaters. Von der Crypta und den Tribunalen war schon die Rede; das *theatrum* ist entweder die Bühne oder der Zuschauerraum (*cavea*): im letzteren Falle würden die Holconier ältere Tuffstufen durch Marmorstufen ersetzt haben; doch gehört auch die Bühne dem Neubau an. Den Architekten des Neubaues, den Freigelassenen M. Artorius Primus, nennt eine in die Wand des kleinen Platzes in der Ecke zwischen den beiden Theatern eingelassene Inschrift.

Das **kleine Theater**, in welches wir aus dem Raum hinter dem grossen Theater gelangen, war bedeckt und wohl für musikalische Aufführungen, vielleicht auch für Pantomimen bestimmt. Dass es bedeckt war (*theatrum tectum*), vermutlich mit einem pyramidenförmigen Dach, besagt die in zwei Exemplaren angebrachte Inschrift, nach der es von den Duumvirn M. Quinctius Valgus und M. Porcius (bald nach 80 v. Chr.) erbaut war. Ein offenes und ein bedecktes Theater gab es nach dem Dichter Statius auch in Neapel. Um einen viereckigen Grundriss zu erzielen und so die Bedachung zu ermöglichen, sind die oberen Sitzreihen nicht ganz herumgeführt, sondern an den Enden abgeschnitten. Um das Kreissegment der Rückseite läuft oben ein von hinten auf zwei Treppen zugänglicher, jetzt z. T. eingestüzter enger Korridor. Die Einteilung der Sitzreihen ist wie im grossen Theater, nur dass die oberste Abteilung (*summa cavea*) fehlt. Die Stufen haben die gewöhnliche Form, mit Vertiefung für die Füsse des Hintermanns. Es war Platz für ca. 1500 Personen. Die Tribunale sind nur von der Bühne aus zugänglich und haben jedes drei kurze Sitzreihen hinter sich, für Freunde und Gefolge derer die hier ihren Platz hatten. Zu beachten der kräftige Ausdruck der Figuren und Greifenfüsse am Ende der die Tribunale vom Zuschauerraum trennenden Mauern. Eine mit Bronzebuchstaben in den Fussboden der Orchestra eingelegte Inschrift besagt, dass der Duumvir M. Oculatius Verus, anstatt Spiele zu geben, den Fussboden machen liess. Die Rückwand der Bühne, hier ohne architektonische Gliederung, war mit Marmor bekleidet. Auch hier die grossen Seitenthüren für festliche Aufzüge: dieselben traten von der Seite des grossen Theaters ein, wendeten auf dem verbreiterten Trottoir an der Stabianer Strasse um und kehrten durch den Raum hinter der Bühne, der auch solche weite Thüren hat, zurück. — Die Annahme, dass das Trottoir an der Stabianer Strasse von einer Säulenhalle bedeckt gewesen sei, ist nicht genügend begründet.

Hinter dem grossen Theater liegt:

Die Gladiatorenkaserne. Um den viereckigen Übungsplatz mit Säulenhallen liegen die Zellen der Gladiatoren in zwei Stockwerken. In der Mitte der Südseite ein weit offener (jetzt geschlossener) Saal (Exedra), auf dessen Wände Gladiatorenwaffen gemalt waren; solche wurden in den Zellen der Südhälfte in beträchtlicher Zahl gefunden. Auf der Ostseite Räume unbekannter Bestimmung (Speisesaal, Küche, Treppe zur Wohnung des Verwaltungspersonals?). Die oberen Reihen waren zugänglich durch eine (z. T. restaurierte) hölzerne Galerie.

Auf die Galerie gelangte man durch einen schrägen hölzernen Aufgang von dem Treppenabsatz der grossen Treppe vom Forum triangulare und noch durch zwei Treppen, an der W.seite und in der SO.ecke. — Die Säulen sind unten rot, oben gelb (z. T. rot geworden), nur die 2 mittelsten der O. und W.seite blau, wohl um eine Einteilung des Übungsplatzes zu markieren. — In einer Zelle der Ostseite rohe hölzerne Nachbildung eines Fusseisens, welches aber nicht hier, sondern in einer Zelle der Westseite gefunden wurde; einige Skelette wurden nicht im Eisen, wohl aber in demselben Raume gefunden, welcher also als Gefängnis diente. — In der Ecke beim kleinen Theater die ionische Eingangshalle; an derselben die Zelle des Thürhüters. — In einer Zelle nahe der entgegengesetzten Ecke eine Maschine zum Quetschen der Oliven, bevor dieselben (ohne Kerne) unter die Presse kamen, aus Stabiae.

Die ganze Säulenhalle gehörte wohl ursprünglich zum grossen Theater und sollte bei Regenwetter Schutz bieten: ganz Ähnliches hat man bei anderen antiken Theatern gefunden. Damals lief an der dem grossen Theater zugewandten Seite an Stelle der Zellen die schon

S. 39 erwähnte zweite Säulenhalle, so dass hier vermutlich die ganze Anlage mit einem von drei Säulenreihen getragenen Doppelportikus gegen das Theater geöffnet war.

Durch das kleine Theater oder den Gang hinter demselben gelangen wir auf die Strada Stabiana und auf dieser abwärts an das alte **Stabianer Thor.** Dieses besteht aus zwei Durchgängen, von denen der innere, überwölbte, den Verschluss enthielt; zwischen beiden ein etwas weiterer Gang oder Hof; die Nische in der l. Wand enthielt vermutlich ein Götterbild (Minerva? vgl. S. 13). In der Ecke r. eine oskische Inschrift (Kopie, welche besagt, dass zwei Ädilen diesen Weg bis zur Stabianer Brücke abgesteckt haben, 10 Ruthen (?) breit; dieselben haben die Via Pompejana (Strada Stabiana?) abgesteckt, 3 Ruten (?) breit, bis zum Tempel des Zeus Meilichios (sogen. Aesculaptempel?); diese Strasse und die Via Jovia und noch eine Strasse (unerklärten Namens) haben sie auf Anordnung des Bürgermeisters (Medix) von Pompeji von Grund auf hergestellt. — Ausserhalb des Thores l. eine gleichfalls auf Wegebau bezügliche lateinische Inschrift: Zwei Duumvirn haben den Weg vom Meilenstein bis zur Station der Droschkenkutscher (*ad cisiarios*), soweit das pompejanische Gebiet reicht, auf ihre Kosten gepflastert. —

Weiter zwei **Grabdenkmäler** in Form halbrunder Sitze; das erste des M. Tullius (der Name auf den kleinen Lavasteinen zu beiden Seiten), das zweite des Duumvirn M. Allejus Minius. Beiden ist durch Beschluss des Stadtrats (*decurionum decreto*) der Platz eingeräumt worden. Vermutlich ist ihre Asche in den kleinen eingehegten Plätzen hinter den Sitzen beigesetzt.

Die Vertiefung r. vom Wege ist wohl ein Rest des Stadtgrabens, der Löwenkopf auf der Strasse ein Wasserspeier der Stadtmauer.

Innerhalb des Thores l. Stufen zum Besteigen der Mauer, und ein kleines Gebäude, wohl für einen Wachposten.

Zurück die Strasse hinauf. Zu beiden Seiten Speisewirtschaften und Herbergen, z. T. mit Einfahrten für Wagen.

An der ersten Querstrasse rechts (zw. Ins. I, 1 und I, 2) l. Nr. 28 ein Haus, dessen Compluvium zum Schutz gegen Diebe vergittert ist (moderne Nachbildung: Original im Museum von Pompeji). R. Nr. 2 eine Gerberei, in der einige den noch jetzt üblichen ähnliche Werkzeuge gefunden wurden; die runden Gruben zum Einweichen der Felle.

Weiter an der Strada Stabiana l.

Nr. 25. **Tempel des Zeus Meilichios** (?) (vulgo Tempel des Äsculap). Hier war nach dem Erdbeben des Jahres 63 der Kult der kapitolinischen Götter, Jupiter,

Juno und Minerva, provisorisch untergebracht; ihre Bilder aus Thon (jetzt in Neapel; Jupiter S. 44) standen auf der jetzt zerstörten Basis an der Rückwand. Auf der Vorderseite des Vorhofes war eine kleine Halle mit 2 Säulen. R. ein Zimmer, wohl für den Tempeldiener (*aedituus*). Der Tempel hatte eine Vorhalle von 4 Säulen.

Von den Tuffkapitellen gehört das grössere auf die l. Vorderecke, das kleinere (s. Figur) auf den l. Thürpfosten. Der Tempel war (nach früheren Abbildungen) wahrscheinlich im ersten Dekorationsstil ausgemalt, dessen Motive auch der grosse Altar zeigt. Die Bauart ist die der ersten Zeit der römischen Kolonie: ist es also der in der oskischen Inschrift S. 42 erwähnte Tempel des Zeus Meilichios, so ist er in dieser Zeit an Stelle eines älteren Baues neu errichtet worden. — Unter dem Tempel durch geht (l. im Hofe sichtbar) der von D. Fontana angelegte Kanal (S. 4); eine bei Anlage desselben gefundene Inschrift mit Widmung an Jupiter Optimus Maximus stammt, da der Kanal sonst die antike Oberfläche nicht berührt, wahrscheinlich hierher.

Kapitell.

L. um die Ecke nach wenig Schritten Nr. 27 Zugang zur Crypta und zum obersten Range des grossen Theaters. Dann

Nr. 28. Der **Isistempel**, als solcher bezeugt durch die Inschrift über dem Eingang, nach der der sechsjährige N. Popidius Celsinus (d. h. seine Eltern für ihn) denselben nach dem Erdbeben auf seine Kosten wieder aufbauen liess und dafür den Rang eines Stadtrates (*decurio*) erhielt.

Der frühere Bau stammte nach den geringen Resten (Säulen der Vorhalle, Unterlage derer des Portikus mit Spuren einer anderen Anordnung) etwa aus der ersten Zeit der Kolonie. Der Tempel ist von seltsam barocker Form, mit Nebeneingang l.: auf dem Postament eine Basis für ein kleines Kultusbild, deren unsymmetrische

Stellung beweist, dass mindestens noch eine zweite da war. Auf den Konsolen in den Seitenwänden können Statuetten oder sonstige Ziergegenstände gestanden haben. Man fand im Tempel eine Hand aus Marmor; zwei Totenköpfe und zwei Kasten mit Gerät, darunter zwei Leuchter, eine goldene Schale und ein kleines Götterbild aus Bronze. In der Nische auf der Rückseite des Tempels fand man eine Bacchusstatuette, nach der Inschrift von N. Popidius Ampliatus dem Vater (Vater des Wiedererbauers) gestiftet: Bachus wurde mit Osiris identifiziert. — L. vor dem Tempel ein grosser Altar, auf dem Asche und Knochen gefunden wurden, und ein kleiner Pfeiler. An einem gleichen Pfeiler rechts wurde eine Hieroglyphentafel gefunden, die aber mit dem Isiskult nichts zu thun hat. Wie vor der Nische links von der Vorhalle, so stand auch rechts noch zur Zeit der Ausgrabung ein Altar.

Jupiter.

Das kleine unbedeckte Gebäude l. vom Tempel enthält einen Zugang zu einem unterirdischen Behälter für das beim Kultus gebrauchte Nilwasser; auf dem gebogenen Fries der Vorderseite ägyptische Figuren, wenig erhalten, auf ursprünglich blauem Grunde. Sonst ist an den Stuckverzierungen nichts Ägyptisches; r. Mars und Venus, l., wie es scheint, Merkur, eine Seele in die Unterwelt führend.

Die ummauerte Vertiefung r. vom Eingang fand man angefüllt mit Asche und Resten verbrannter Früchte: Feigen, Pinienkerne, Nüsse, Datteln u. s. w. — Zwischen den Säulen 6 Altäre. In der Nische dem Tempel gegenüber war ein Harpokrates und ihm gegenüber ein Priester mit zwei Kandelabern gemalt; unter ihr stand eine Holzbank. — In der NW.ecke (r. hinten, von der Front des Tempels aus) des offenen Mittelraumes stand ein cylinderförmiges Bleigefäss, in welches aus einer Röhre Wasser floss. — In der entsprechenden Ecke des Portikus stand an der Strassenwand eine vergoldete und bemalte Isisstatuette, nach der Inschrift von L. Caecilius Phoebus gesetzt; ihr gegenüber an der S.wand eine ähnliche Venusstatuette, und neben ihr die

Bronzeherme des Schauspielers C. Norbanus Sorex. In dem nördlichsten der gewölbten Durchgänge der Ostseite fand man Reste einer Holzstatue mit Kopf und Extremitäten aus Marmor, in der r. Hand ein Sistrum. Ähnliche Statuen sollen in dem aus der SW.-ecke zugänglichen Nebenraum gefunden sein.

Von den Nebenräumen sind die der W.-seite (hinter dem Tempel) durch Verkürzung der Palaestra (S. 37) gewonnen worden. Der durch die gewölbten Durchgänge zugängliche Raum war wohl ein Versammlungs-Ort der Isisverehrer: man fand da einen Marmortisch, einiges Gerät und Hühnerknochen. Die Malereien der Wände waren bei der Ausgrabung erhalten; einige Bilder: ägyptische Landschaften, Ios Ankunft in Ägypten, Io von Argos bewacht, sind in Neapel. Im Mosaikfussboden (nicht erhalten) las man: *N. Popidi Ampliati*, *N. Popidi Celsini*, *Corelia Celsa*: der Wiedererbauer mit

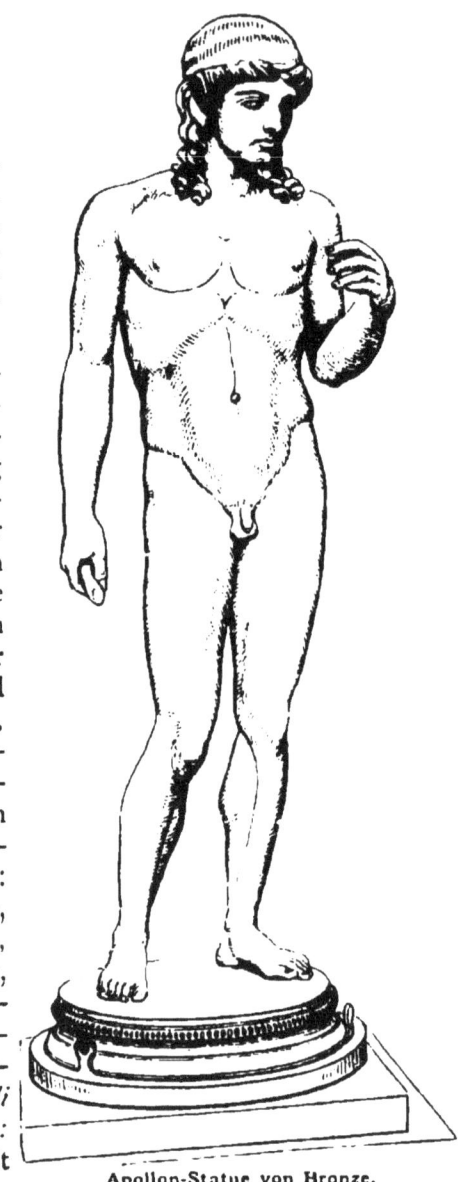

Apollon-Statue von Bronze.

seinem Bruder und seiner Mutter. — In dem links anstossenden unregelmässigen Raume (Mysterienzimmer?) waren ägyptische Gottheiten ziemlich roh auf die weissen Wände gemalt.

Dem Eingang gegenüber Wohnung für einen Priester: Küche, kleines Speisezimmer, Schlafkammer, eine Art kleiner Hofraum.

Zurück auf die Stabianer Strasse und in dieser aufwärts.

R. Nr. 5. **Casa del Citarista** (*Domus Popidi Secundi Augustiani*), benannt nach einer hier gefundenen archaistischen Bronzestatue des Apollo (S. 45); eines der grössten und vornehmsten Häuser Pompejis. Charakteristisch für die spätere Zeit die Vernachlässigung der beiden Atrien, während die Wohnräume um drei schöne Peristylien gruppiert sind.

Malereien im 2. 3. und 4. Stil. L. vom Atrium ein Bad. — Um das Wasserbassin des mittleren Peristyls standen viele kleine Tierfiguren aus Bronze (Neapel); in der l. Vorderecke wurde ohne Basis, auf dem Boden stehend, die erwähnte Apollostatue gefunden. In der Mitte der r. (Süd-)Wand war eine schwarze Glasplatte als Spiegel eingelassen. Dem Eingang gegenüber eine Gruppe von Zimmern, die in einem eigentümlichen Übergangsstil vom 2. zum 3. Stil gemalt sind (Bilder in Neapel). Am r. Peristyl enthielt das grosse Zimmer 1. hinten (nach 63 n. Chr.) zwei der besten Gemälde (Neapel): Orest, Pylades und Iphigenie in Tauris und die Auffindung der Ariadne durch Bacchus. Das l. (nördl.) Peristyl ist l. durch Einbauten verändert worden, vor der Ausmalung im 3. Stil.

Nördlich durch ein zweites, sehr bescheidenes Atrium (dessen r. Ala in einen Wandschrank verwandelt war) auf eine Quergasse.

Über diese schräg hinüber:

Nr. 22. **Haus des M. Epidius Sabinus.** Malerischer Durchblick von der Strasse auf die Säulenreihe des 2. Peristyls. Im Atrium bunte Larenkapelle. In die viereckigen Löcher der l. Wand des Atriums sollte frischer Stuck eingeputzt und auf diesem Bilder ausgeführt werden. Besonders sehenswert das Tablinum. — In 3 Zimmern sind Malereien 3. Stils erhalten: Durchgangsraum zwischen dem 1. und 2. Peristyl: l. Herkules und Telamon, Hesione befreiend, r. Hippolyt und Phaedra. Zimmer l. daneben: Gelage- und Toilettenszene. Zimmer r. hinter dem 1. Peristyl (schwarzer Grund): Herkules und Musen, mit griechischen Beischriften. Aktaeon und Diana; schöne Details. — In und am 2. Peristyl Dekoration 1. Stils (Nachahmung von Marmorbekleidung). — Das Haus ist ein Doppelhaus: 2 Häuser, nur verbunden durch den Durchgangsraum zwischen den beiden Peristylien; das 2. Haus, mit alter Kalksteinfassade, hat seinen Eingang von der östlich vorbeiführenden Strasse.

L. neben diesem Hause:

Nr. 20. **Haus des Epidius Rufus.** Gutes Beispiel eines Hauses aus vorrömischer Zeit, welches, obgleich offenbar einer reichen Familie gehörend, sich doch auf die vorderen Räume beschränkt, ohne Peristyl (vgl. S. 7). Das schöne korinthische Atrium (oben S. 8) hat Säulen auch in den hier in der Mitte der Langseiten liegenden Alen. In der r. eine Kapelle, die zwei Freigelassene Namens Diadumenus dem Genius des Hausherrn — *M(arci) n(ostri)* — und den Laren gewidmet haben. Dekoration 4. Stils (nach 63) mit Benutzung von Resten 1. Stils. Hübsche Fenster im Zimmer r. vom Eingang. R. vom Tablinum hübsches Zimmer mit Apollo, Marsyas und den Musen Neben der Hausthür r. eine kleinere Thür, durch die man, wenn jene verschlossen war, eintreten konnte.

An der der Casa del Citarista entsprechenden Strecke der Stabianer Strasse liegt l. für den aufsteigenden Nr. 24 eine Kapelle, vielleicht der Strassengötter, *Lares compitales*. Dann bezieht sich die Zweiteilung des Altars auf diese Laren und den mit ihnen verehrten Genius des Kaisers.

Über die Strada Stabiana in die Strada dell' Abbondanza.

Am Eingang derselben eine Öffnung des Abzugskanals, der weiterhin l. bei Nr. 6 nach S. umbiegt. Ferner am Kreuzweg ein Pfeiler der Wasserleitung (s. S. 11) und vier grosse Ziegelpfeiler, die ein diesen Teil der Strasse schützendes Dach trugen. An jedem derselben eine Statuenbasis: die mit Marmor bekleidete trug die Statue des M. Holconius Rufus (Neapel), eines der Erneuerer des grossen Theaters; er war Kriegstribun, 5 mal Duumvir, 2 mal Quinquennal, Priester des Augustus und Patron der Kolonie.

L. VIII, 4, 15. **Domus Cornelia**, Haus des C. Cornelius Rufus, dessen Büste im Atrium steht. Am Impluvium 2 schöne Tischfüsse. Regelmässiges Haus mit Atrium und Peristyl, welches letztere sich hinten mit einer Säulenstellung auf einen tiefer liegenden Garten öffnet.

R. VIII, 1, 8 die sogenannten

Stabianer Thermen, die best erhaltene und sehenswerteste Badeanstalt Pompejis, erbaut in samnitischer Zeit, umgebaut in der ersten Zeit der römischen Kolonie und wieder in der Kaiserzeit. Auf den ersten Umbau bezieht sich eine hier gefundene Inschrift; nach derselben haben zwei Duumvirn das *Laconicum* und *Destrictarium* erbauen und die Portiken und die Palaestra ausbessern lassen. Die Gebälkstücke l. im Eingang stammen vom Thürsturz. Der grosse Säulenhof ist die Palaestra, Platz zu gymnastischen Übungen. Die einfachen Tuffsäulen sind in der letzten Zeit Pompejis durch dicke Stuckhüllen umgestaltet worden. Dem höheren Pfeilerpaar beim Eingange entspricht ein ähnliches Motiv an der Rückseite; die dort stehende Herme mit verhülltem Kopf, ist Hermes, Gott der Palaestra (vgl. S. 20). Auf der rechten Mauer des Hofes, auf der kleinen Aufmauerung bei der 7. Säule stand eine Sonnenuhr, mit oskischer Inschrift, nach welcher ein Quästor sie aus Strafgeldern machen liess. An der l. und einem Teil der Rückseite schöne und bunte Stuckdekorationen; zwischen den phantastischen Architekturen sind kenntlich: Herkules mit Trinkhorn; Faustkämpfer; ein Athlet, der sich mit dem Schabeisen abstreicht (Apoxyomenos); Zeus; Dädalus und Ikarus.

L. am Platze eine **Steinbahn**, um Steinkugeln zu rollen, deren zwei hier gefunden wurden. Ferner das **Schwimmbad** (*natatio*) und zwar: 1. ein Auskleideraum mit Spuren von Kleiderschränken; vielleicht ist dies das Destrictarium der Inschrift, d. h. der Ort, wo man sich den Staub abschabte (*destringere*); 2. ein flaches Bassin zum Abspülen vor Gebrauch des Schwimmbades, bis über Mannshöhe mit Marmor verkleidet; aus dem Loch an der Rückseite kam das Wasser; 3. das Schwimmbassin; Marmorbekleidung nicht erhalten; an der Ecke r. die Röhre, welche Wasser zuführte; 4. ursprünglich ein Bassin wie 2, dann zu unbekannten anderen Zwecken eingerichtet. Dann folgt ein Nebeneingang von W. — Auf der Rückseite:

1. Raum für die, welche Kugeln rollten; 2. Platz für einen Aufseher der Palaestra (?); 3. Abtritt und Einzelbäder, mit besonderem Eingang von W.

An der r. Seite des Hofes die eigentlichen Thermenräume.

Die Thermen der Alten enthielten Schwitzräume und zugleich warme und kalte Bäder. Und zwar gab es in vollständigeren Anlagen (unten S. 58) getrennte Räume für das Schwitzen in trockener Luft (*assa sudatio, Laconicum*) und für das warme Bad (*caldarium*). Bei kleineren Anlagen, wie hier, fehlte der erstere Raum, und das Caldarium diente sowohl zum Schwitzen als für das warme Bad. Der das Bad Benutzende betrat zunächst den ungeheizten Auskleideraum (*apodyterium*), mit dem das kalte Bad verbunden war, entweder in einem anstossenden Raum oder als Wanne im Apodyterium selbst. Aus dem Apodyterium trat man, um den zu schroffen Temperaturwechsel zu vermeiden, in ein mässig erwärmtes Zimmer, das Tepidarium, und aus diesem in die eigentlichen Schwitzräume, das Caldarium und das Laconicum, wenn ein solches vorhanden war. In älteren Zeiten heizte man sowohl dieses als das Tepidarium durch Kohlenbecken; aber um 80 v. Chr. erfand ein gewisser Sergius Orata eine besondere Heizmethode: man stellte unter dem Fussboden einen Hohlraum her, indem man ihn auf kleine Pfeiler stützte und von einer Feuerstelle aus heisse Luft in diesen Hohlraum streichen liess. Dies wurde dann dahin vervollkommnet, dass man auch an den Wänden entweder durch viereckige Thonröhren oder durch Ziegel mit je 4 warzenartigen Vorsprüngen (*tegulae mammatae*) einen Hohlraum herstellte und mit dem unter dem Boden in Verbindung setzte. Diese allmähliche Vervollkommnung der Heizeinrichtungen kann in dieser Anstalt deutlich verfolgt werden. Die für die Heizung dienende Feuerstelle benutzte man zugleich um das Wasser für das Bad zu erwärmen.

R. vorn am Hofe das Männerbad, mit zwei Eingängen aus der Palaestra, deren einer (r.) durch einen kleinen Hof führt, in welchem die Diener der Badenden auf einer gemauerten Bank warten konnten; ein dritter Eingang von der Stabianer Strasse: auch hier ein Vorraum mit Bänken. Der vordere, engere Teil des Auskleideraums (Apodyterium) hat eine schöne, bunt ornamentierte Wölbung, der innere, weitere, weisse Stuckreliefs; hier auch Nischen zur Aufbewahrung der Kleider. L. an dem vorderen Teil des kalte Bad, Frigidarium. Das Wasser kam aus der kleinen Nische dem Eingang gegenüber und floss unter der grossen Nische l. ab. Die Öffnung der Decke war wohl etwas kleiner. Weiterhin l. das laue Zimmer (Tepidarium) und hinter diesem das heisse Bad (Caldarium), beide mit hohlem Fussboden und Hohlwänden für die Heizung. Im Tepidarium, gegen die Regel, eine Badewanne; die Feuerstelle unter derselben hat den Zweck eines Lockfeuers, um bei Beginn der Heizung schnell den Zug herzustellen. Im Caldarium r. die Wanne für das warme Bad, l. das Labrum, Waschbecken, in dem lauwarmes Wasser aufsprudelte.

In beiden Räumen ist kenntlich, dass in früherer Zeit in den Wänden ähnliche Nischen waren, wie im Apodyterium, also keine Hohlwände. Auch der unterhöhlte Fussboden kann nicht immer gewesen sein, da das Gebäude älter ist als die Erfindung desselben. Es scheint dass im Caldarium erst der hohle Fussboden, dann die Hohlwände, im Tepidarium aber beides zugleich, wohl gleichzeitig mit den Hohlwänden des Caldariums, gemacht wurde. Wahrscheinlich bedeutet die in der Inschrift (s. oben S. 48) erwähnte Erbauung eines Laconicum nichts anderes als die Herstellung dieser Heizvorrichtungen.

Hinten r. am Hofe das Frauenbad, besser erhalten als das Männerbad. Durch einen einst bedeckten Durchgangsraum gelangt man in das Apodyterium, mit noch 2 besonderen Eingängen. Da die Thür von der Palaestra erst nachträglich durchgebrochen ist, so war ursprünglich diese Abteilung so von der übrigen Anlage getrennt, dass man nur direkt von der Strasse hineingelangte. Die Nischen für die Kleider sind niedriger als im Männerbad. In der l. Ecke das kalte Bad.

Rechts das Tepidarium; und weiter das Caldarium. In diesem diente das Bronzerohr r. an der Wanne zum Abfluss; das Zuflussrohr nicht erhalten. L. unten eine Öffnung zum Ausleeren der Wanne: das Wasser diente dann zur Reinigung des Fussbodens. Rechts hinter der gewölbten Öffnung ist die Wanne erweitert durch einen halbcylinderförmigen Kupferkessel, welcher über der Leitung für die heisse Luft liegt, so dass das Wasser in ihn hineintretend immer von neuem erwärmt wurde.

Auch im Frauenbad kann man die allmähliche Vervollkommnung der Heizeinrichtungen verfolgen: man erkennt im Tepidarium die Nischen, ferner dass die Hohlwände sich ursprünglich nicht auf die Wölbung erstreckten.

Zwischen Männer- und Frauencaldarium der Heizraum: man erkennt die Feuerstelle und die Plätze der 3 grossen cylinderförmigen Kessel für heisses, laues und kaltes Wasser.

L. Nr. 4. **Haus des Holconius**, den Thermen schräg gegenüber. Schönes und reiches Haus der letzten Zeit Pompejis; nur Atrium und Seitenzimmer sind älter. Malereien nur letzten Stils. — Atrium, sorgfältig gemalt, doch ist ungeschickterweise ein auf grössere Flächen berechnetes Motiv — grosse Felder wechselnd mit architektonischen Durchblicken — für diese kurzen Wandstücke verwandt worden. L. vom Eingang Oceanusmaske. Weiter oben r. Silen mit dem kleinen Bacchus. Impluvium zerstört, wohl durch antike Nachgrabungen. Statt der r. Ala ein grosser Schrank, in dem viel Küchengerät gefunden wurde. — Am Atrium 4 Schlafzimmer; das erste auf jeder Seite Wohnung des Sklaven der in dem anstossenden Laden die Produkte des Herren verkaufte.

Im 2. Zimmer r. Büsten bacchischer Figuren und l. vom Eingang Paris und Amor. 2. Zimmer l. ähnliche Bilder: Spuren einer eisernen Kiste an der l. Wand. L. Ala, von l.: Perseus zeigt der Andromeda im Wasserspiegel das Medusenhaupt; Apollo und Daphne; Herakles dem Admet die Alkestis zuführend. Tablinum l. Jüngling und Mädchen mit Amorennest; r. (zerstört) Endymion und Selene (Luna). Die Jahreszeiten auf den grossen Feldern sind nicht mehr kenntlich.

L. vom Tablinum Treppe zu oberen Räumen, zunächst zum oberen Umgang des Peristyls. Doch gehörte das

Zimmer über dem 1. und 2. Zimmer l. zum Laden und war von dort aus durch eine Treppe zugänglich.

Das Peristyl hatte einen oberen Umgang, wie r. vorn sichtbar. Man beachte die zierlichen Kapitelle der Säulen. R. vorn auch ein Stück des Architravs. Aus den Säulen der Vorder- und Rückseite kamen Wasserstrahlen. Bassin mit Springbrunnen; in demselben eiserne Nägel zum Aufhängen von Dingen, die man kühl halten wollte. Die komplizierten Eckpfeiler statt einfacher Säulen sind charakteristisch für die Kaiserzeit. Die Wände sind einfach und geschmackvoll gemalt; von den »Stillleben« (xenia) in den schwarzen Feldern ist wenig mehr zu sehen. Sehr hübsch ist die l. Säulenhalle gleichsam in einen offenen Saal verwandelt; durch eine spanische Wand an den Säulen konnte dies vervollständigt werden. Die unschöne und unregelmässige Anordnung der Säulen in der l. Vorderecke beruht auf nachträglicher Veränderung, veranlasst, durch den Bau des Wintertricliniums l. vom Tablinum. In diesem Bilder: Phrixus und Helle; Verlassene Ariadne.

Hinter dem Peristyl war in dem Mittelzimmer (Sommertriclinium) ein kleiner Springbrunnen.

Bilder: Hermaphrodit mit Silen, Bacchus, Pan und Amor; Narciss sich spiegelnd; Bacchus Ariadne findend. In den Feldern Musen, jetzt unkenntlich. — Zimmer l.: Erkennung des Achill auf Skyros; Parisurteil; Rest eines Bildes: Orest, Pylades und Iphigenie in Tauris. — Zimmer r.: Europa; Nereide auf Delphin; unerklärtes Bild, Lichtgottheiten darstellend. — Das Loch in der Wand des Zimmers r. enthielt einen Wandschrank, in dem man 8 Lampen fand; doch konnte auch die Rückwand des Schrankes als Thür geöffnet werden, wodurch der kleine Raum hinten, mit Abfluss in eine Kloake zugänglich wurde. — R. am Peristyl mehrere Schlafzimmer und Hinterthür. L. vorne Küche. Der zum Hause gehörige Laden Nr. 1 ist eine Färberei; in der gemauerten Wanne des hinteren Raumes fanden sich Farbenreste.

Aus dem Hause l.; am Kreuzweg (l. Blick auf die Vorhalle des Forum triangulare) r. zwischen Ins. VII, 1 und VII, 14. R. Nr. 50 und 48 Seiteneingänge der Thermen.

Nr. 47. **Haus des Siricus** (hinterer Eingang; Haupteingang Str. Stabiana, geschlossen). Im Fussboden des Hausflurs die Inschrift: *salve lucru* (willkommen, Gewinn!). In dem nicht ausgemalten Atrium sind r. die Plätze der das Dach tragenden Querbalken kenntlich, sie waren durch in die Wand eingelassene Holzbohlen gestützt. Am Impluvium Basis einer Brunnenfigur, von der ein Wasserstrahl in ein Marmorbecken (Fuss erhalten) fiel. Hinter der Basis ein Marmortisch; im Impluvium ein Springbrunnen. R. am Impluvium Cisternenöffnung. R. vom Eingang ein Stein, auf dem die Geldkiste befestigt war. In der r. Ecke Spuren eines hölzernen Schrankes: hier wurde allerlei Tischgerät und Gefässe gefunden. Gleich l. vom Eingang Spur einer Treppe zu oberen Zimmern über den Räumen vor dem Atrium; über den Räumen neben und hinter dem Atrium waren solche nicht vorhanden. Im Tablinum fand man eine grosse Kiste mit Geweben.

L. am Atrium ein im letzten Stil sehr **reich gemaltes Speisezimmer**: Neptun und Apollo beim trojanischen Mauerbau. Herkules bei Omphale; Thetis bei Hephaestus; in den Feldern Musen. — 3. Zimmer l. am Atrium, **kleineres Speisezimmer**, auch im letzten Stil, aber in eigentümlicher Manier sehr sorgfältig und reich ausgemalt. — Zwischen beiden Gang zur Küche mit Backofen. Hinter dem Atrium ein einfach im 2. Stil gemaltes Peristyl; im Garten ein viersäuliger Pavillon.

Mit diesem Hause ist durch eine Thür l. am Peristyl ein anderes, mit Eingang von Str. Stabiana, verbunden. Im Atrium das Impluvium ähnlich wie in dem anderen Atrium. Auf der l. Wand grosser Dreifuss: Zeichen des in Pompeji gepflegten Apollokultus. Im Peristyl merkwürdig die Verschiedenheit der Säulen: vorn und l. höher, auf dem Architrav eine Aufmauerung und an dieser, oberhalb des oberen Randes des anderen Daches ein dachartiger Vorsprung: kein Dach, sondern ein flacher Boden, zu dem man auf einer Treppe aus der r. hinteren Ecke aufstieg.

Zurück auf die Strasse. Dem Hause gegenüber sind zwei grosse Schlangen auf die Wand gemalt, um sie durch religiöse Weihe vor Verunreinigung zu schützen, mit der kaum noch lesbaren Inschrift: *Otiosis locus hic non est, discede morator.*

Weiter l. an der Ecke der Insula VII, 18. **Lupanar.** Die Bedeutung der Räume ist von selbst deutlich, der Sitz dem Eingang gegenüber ein Abtritt. Den Zweck der obscönen Bilder erläutert das dem Eingang gegenüber l. befindliche. Im oberen Stock ein feineres Etablissement, Saal und mehrere Kammern, mit besonderem Eingang Nr. 20; nach beiden Strassen eine aus dem Saal und den Kammern zugängliche äussere Galerie *(pergula).*

R. gegenüber Nr. 44, 45, **Hospitium Sittii:** Gasthaus des Sittius zum Elephanten. An der Thür war ein Elephant gemalt mit der Beischrift: *Sittius restituit elepantu*; und eine andere Inschrift: *Hospitium hic locatur, triclinium cum tribus lectis et com(modis omnibus.?)*: das Wirtshaus war also zu vermieten.

In der l. abgehenden Strasse **Haus mit dem Balkon.** In den hier ausnahmsweise erhaltenen Oberzimmern fand man einen Gladiatorenhelm; es wohnte hier also wohl ein Gladiator. — Zurück an die Ecke.

Weiter auf die nächste Querstrasse: **Strada degli Augustali**, lebhafte Verkehrsstrasse mit vielen Läden. Schräg nach l. über dieselbe:

Nr. 45. **Casa dell' Orso**, benannt nach dem Mosaik im Eingang. Im dem kleinen Garten ein Mosaikbrunnen. Malereien letzten Stils.

R. am Garten ist auf 2 Pfeilern je ein grosser Dreifuss gemalt, zwischen ihnen ein Tempelchen: Zeichen des Apollokultus. Im Zimmer r. am Atrium: Narcissus, Danae mit dem kleinen Perseus auf der Insel Scriphos.

Aus dem Hause l. An der Ecke der Insula VII, 1 Nr. 41, 42. **Schusterwerkstätte**, als solche kenntlich durch den kleinen Tisch, hier gefundenes Schustergerät und eine Wandinschrift. In die Wand hat ausserdem M. Nonius Campanus, Soldat der 8. Prätorianerkohorte, seinen Namen eingeschrieben. Er diente in der Centurie des M. Caesius Blandus, der seinen Namen in zwei Säulen des Peristyls einschrieb. Beide waren wohl mit einem Kaiser in Pompeji. Die Verbindung mit dem Atrium lässt vermuten, dass der Schuster zugleich Thürhüter war.

Im sogen. **Hause des Caesius Blandus**, Nr. 40, Malereien 2. Stils (r. vom Tablinum, Peristyl) und 4. Stils: Atrium und anliegende Zimmer. L. vom Tablinum kleines Bad: Tepidarium und Caldarium, von der Küche aus geheizt.

Weiter auf die Stabianer Strasse. Am Kreuzweg ein Wasserleitungspfeiler. R. gegenüber an der Ecke IX, 2 war das Trottoir vor einem Laden durch eine von drei Bögen getragene Vorhalle bedeckt. L. gegenüber an der Ecke IX, 3 eine Bäckerei.

Bäckereien finden sich in Pompeji in grosser Zahl. Die in denselben erhaltenen Vorrichtungen sind leicht verständlich. Man findet in denselben regelmässig eine Anzahl Mühlen, bestehend aus zwei Lavasteinen, einem kegelförmigen (*meta*) und einem in Form eines doppelten Hohlkegels (*catillus*). In die Spitze des ersteren war eine Holzstange eingelassen, welche in eine eiserne Spitze endigte. Auf dieser ruhte der Catillus mittels eines Querholzes, dessen Stelle meist an zwei Einkerbungen im oberem Rande kenntlich ist. An der engsten Stelle des Catillus waren 2 Hebel oder Deichseln eingesetzt, an denen er von Eseln gedreht wurde; zu diesem Zwecke pflegt ringsum der Boden gepflastert zu sein. Das Korn wurde in den oberen Hohlkegel geschüttet und fiel am Rande des unteren heraus, wo es durch eine Metall-(Blei-)Bekleidung der Oberfläche des Unterbaues aufgefangen wurde. — Vor dem Backofen ein Schornstein; in der Nähe desselben meistens eingemauerte Schüsseln oder ähnliches, für das Wasser zur Anfeuchtung der Brote. Diese Schüsseln finden sich bisweilen in einem besonderen Raume, dem Backzimmer, welches ausserdem einen grossen Tisch (stets nur die gemauerten Füsse erhalten) zum Formen der Brote, sowie ein eigentümliches Gerät zum Kneten des Teiges enthält. Dieses besteht aus einem cylinderförmigen Lavagefäss, in welchem eine hölzerne Vorrichtung auf eiserner Grundlage (nur diese mehr oder weniger erhalten) gedreht wurde. An den Wänden des Backzimmers sieht man häufig Spuren der Regale zur Aufbewahrung des Gebackenen.

In der Stabianer Strasse aufwärts.

R. Nr. 5. **Haus des M. Lucretius** (geschlossen), genannt nach einem Gemälde, welches einen Brief darstellt mit der Adresse des M. L.., Priesters des Mars und Stadtrats (*M. Lucretio flam. Martis decurioni Pompei*). Sehens-

wert wegen der gut erhaltenen Malereien aus der letzten Zeit Pompejis und wegen der kleinen Marmorfiguren im Garten. Die Treppe l. am Eingang konnte wohl nur zu einer Holzgalerie ums Atrium führen, durch welche die oberen Zimmer an demselben zugänglich waren. Am Atrium r. Larenkapelle; man fand dort Bronzestatuetten: Herkules, Jupiter, Fortuna, dazu einen männlichen und einen weiblichen Genius familiaris. L. vom Atrium, zugänglich aus der l. Ala, Küche und Wirtschaftsräume.

Die Malereien dieses Hauses sind in ihrem ornamentalen Teil, mit starkem Vorwiegen der phantastischen Architekturmalerei, nicht besonders wertvoll, immerhin aber sehenswert als charakteristisches und gut erhaltenes Beispiel der allerletzten Zeit Pompejis. Von den figürlichen Darstellungen ist das beste in Neapel; das zurückgebliebene ist von ungleicher, z. T. sehr geringer Ausführung. — Am Atrium die ganzen Wände von phantastischen Architekturen erfüllt; keine Bilder.

1. Zimmer l.: Satyr und Bacchantin; Venus und Amoren (Narciss, in Neapel). In den Feldern Amoren mit Götterattributen: Rück-

wand, mit Attributen des Mercur und Bacchus, Eingangswand des Herkules und Apollo.

2. Zimmer l.: Venus Fischerin; Polyphem den Brief der Galatea empfangend (Phrixus und Helle, in Neapel). In den Feldern Büsten: Rückwand, Mars und Venus; Eingangswand, Jupiter und Juno. Auf den Seitenwänden bewaffnete Amoren

L. Ala: Theaterscenen.

1. Zimmer r.: Nereide auf Seetier; Chiron und Achill; Endymion; bewaffnete Amoren.

2. Zimmer r.: Polyphem und Galatea (?); Cyparissus mit dem Reh; Nereide; Amorenscenen; fliegende Amoren; l. oben Personifikation Afrikas.

In der r. Ala sind die Bilder ausgenommen. Die gelben Wände sind oben, wo sie von Asche bedeckt waren, rot geworden.

Zimmer r. vom Tablinum: Bacchus ein Trophaeum errichtend (in Neapel: Triumphzug des Bacchus. Herakles bei Omphale).

In die Wände des Tablinums waren Holztafeln eingelassen, doch wird gezweifelt, ob diese Gemälde enthielten.

Über eine Treppe ins Peristyl. An der Treppe Maske und Attribute l. des Jupiter, r. der Juno. Weiter im 1. Durchgangszimmer Paris und Helena. Im 2. Durchgangszimmer (weisser Grund) war der erwähnte Brief mit Adresse des Lucretius gemalt.

Am Peristyl ganz r. Speisezimmer mit leichten Pflanzenornamenten und Schlingpflanzen auf weissem Grund.

Im Garten Marmorfiguren: in der Brunnennische Silen mit Schlauch. Weiter 4 Doppelhermen: bärtige und unbärtige Bacchusköpfe und Ariadne; in die Ferne schauender Satyr; Satyrherme mit Rohrflöte; Tiere und Vögel; Satyr dem Pan einen Dorn ausziehend; Amoren auf Delphinen, von Polypen gefasst.

L. hinten ein zweites Atrium mit besonderem Ausgang (*posticum*).
L. an diesem Atrium waren 2 Wandschränke.

Das folgende Haus Nr. 2, in dessen Atrium r. die Plätze dreier grossen über Feuer stehenden Kessel kenntlich sind, wird für eine Färberei gehalten. Am Garten eine Wand 1. Stils.

Weiter die Strasse hinauf l. Seitenstrasse zwischen Ins. VII, 2 und VII, 3 (Vico del Panattiere). L. 3 stattliche Häuser:

Nr. 16. **Haus des M. Gavius Rufus** mit Resten der Dekoration 2. Stils; beachtenswert das Zimmer r. vom Atrium: Darstellung einer niedrigen Wand, hinter der Pfeiler und Bögen sichtbar werden. Im Zimmer r. vom Eingang die Zeitfolge des 1. und 2. Stils deutlich. Kein Tablinum; statt dessen eine weite Thür.

Nr. 18. **Haus des C. Vibius**; nach 63 neu aufgebaut, noch ohne Malerei. L. am Atrium Malereien 3. Stils aus der Zeit vor dem Neubau. Im Garten tiefer Brunnen mit Quellwasser.
Nr. 20. **Haus des Popidius Priscus** mit Resten der Dekoration 2. Stils. Der Wiederaufbau nach 63 war noch nicht vollendet. In dem verschlossenen Keller Lararium und tiefer Brunnen mit Quellwasser.
Rechts (Ins. VII, 2) Nr. 29. **Haus des M. Spurius Mesor**, ganz im 3. Stil ausgemalt, eines der wichtigsten Häuser dieses Stils. Zu beachten der schöne gemalte Kandelaber in dem Winkel l. hinter dem Atrium (ursprünglich einem beim Bau des jetzigen Tablinum eingegangenen Triclinium angehörig) und das Zimmer am Peristyl (Bilder in Neapel).
Zurück an die Strada Stabiana.

Weiter aufwärts ist r. die ganze Insula IX, 4 von einer grossen, zur Zeit der Verschüttung noch in Bau begriffenen Badeanstalt (,,**Centralthermen**") eingenommen. Man tritt durch 3 Eingänge (an dem südl. Nr. 5 ein Abtritt) in den grossen Hof (Palaestra) wo man beschäftigt war die Unterlage für die Säulen zu legen. Überall Reste älterer Häuser, u. a. ein zu Bauzwecken benutztes altes Impluvium. Das Schwimmbad war nur erst gegraben. An der S.seite zwei Zimmer: vielleicht eines (mit 2 Fenstern) für einen oder mehrere Aufseher der Palaestra, das andere zum Auskleiden. Nahe dem N.eingang durch einen Vorsaal, an welchem 4 ladenähnliche Lokale, in die Baderäume (vgl. oben S. 49): Apodyterium mit Kaltwasserbad, in welches das Wasser in 3 Strahlen aus den 3 Nischen fallen sollte; Tepidarium; Caldarium mit 2 grossen und einer kleinen, das Labrum (Waschbecken) vertretenden Wanne; die gewölbte Verbindung der grossen Wannen mit den noch nicht erbauten Heizöfen war bestimmt für eine ähnliche Vorrichtung wie der S. 50 beschriebene kupferne Kessel. Endlich, aus Tepidarium und Caldarium zugänglich, der runde trockene Schwitzraum, Laconicum. In allen diesen Räumen ist von den Heizvorrichtungen wenig erhalten. Die vielen und grossen Fenster nach W. und S., jedenfalls mit Glas, entsprechen der Vorschrift des Vitruv. Hinter den Baderäumen noch ein Hof: auf dem Pfeiler nahe der SO.ecke stand vermutlich eine Sonnenuhr. — Da hier kein besonderes Bad für Frauen ist, so waren entweder diesen bestimmte Stunden reserviert, oder es war, wahrscheinlicher, nur für Männer bestimmt.

Wir verlassen die Thermen durch den N.eingang, neben dem die Zelle des Thürhüters. Gegenüber, Ins. V, 1:

Nr. 7. **Casa del Torello**; Tufffassade aus samnitischer Zeit. An der Thür hübsches Kapitell mit Bacchantinnenkopf.

R. neben diesem Hause in die Nebenstrasse; durch die 6. Thür r.; drinnen r. am Atrium durch den Gang immer gradeaus in die **Casa delle nozze d'argento** (so genannt nach der dort 1893 bei Gelegenheit der silbernen Hochzeit des italienischen Königspaares in Gegenwart des deutschen Kaisers veranstalteten Ausgrabung), ein stattliches Haus mit viersäuligem Atrium und vorzüglich erhaltenem Peristyl, in welchem die Vorderseite höher ist als die anderen. Das Haus stammt aus vorrömischer Zeit, ist aber zur Zeit des zweiten (republikanische Zeit) und wieder zur Zeit des letzten Dekorationsstils (aber vor 63 n. Chr.) teilweise umgebaut und neu ausgemalt worden. R. hinten ein kleines Bad; das Kaltwasserbassin im anstossenden Hofe.

Zurück auf Strada di Nola, und auf dieser links. Gleich an der Ecke V, 2, 1 **Casa della regina Margherita**. Sehenswerte Malereien in den Zimmern l. und r. vom Tablinum. 1. Z. l. Leda mit dem Schwan; Poseidon und Amymone. 2. Z. l. Marsyas und Olympos; Zeus und Danae; Meleager und Atalante (?). Z. r. Narciss; verlassene Ariadne; Lykurg, König von Thracien, der von Bacchus verblendet, seinen Sohn tötet, in der Meinung Weinstöcke zu vertilgen.

Rechts Ins. IX, 5, nach 63 neu aufgebaut und ausgemalt, daher mit vielen ziemlich gut erhaltenen Gemälden, freilich ohne bedeutenden künstlerischen Wert. Die Häuser haben durchweg die Alen in der Mitte der Langseiten des Atriums.

Nr. 2. R. am Atrium verlassene Ariadne. L. am Atrium Mars und Venus, Herkules und Auge, Hermaphrodit mit Silen und Bacchantin. L. hinter dem Tablinum: Thetis mit den Waffen des Achill auf einem Triton; Thetis bei Hephaestus (Erkennung des Achill auf Skyros, in Neapel).

Nr. 4. Bäckerei (vgl. oben S. 55).

Nr. 6. Haus mit eigentümlich langgestrecktem Grundriss. Die 1 Ala war höher als die r., so dass über ihr kein oberes Zimmer war, wie sonst über allen Räumen (Treppe r. vom Tablinum). Die Bilder schlecht erhalten, mit Ausnahme des Tablinums: hier sind die beiden Bilder unerklärt (l. aus dem Artemismythus). — Am Hofe l. Küche, hinter dem Garten Stall mit Küche, Abtritt und oberem Zimmer.

Aus der Hinterthür dieses Hauses erreicht man r. mit wenig Schritten das SW. Eckhaus N. 18. Kein Atrium, man tritt gleich ins Peristyl. L. einige Zimmer 3. Stils. Namentlich in dem grossen Zimmer mit weissem Grunde, aber auch r. daneben, ist an Ornamenten und Einzelfiguren viel Schönes erhalten. Die Gemälde (in dem grossen Z.: Jason und Pelias; Unerklärtes Bild; in dem kleinen: Pan und Nymphen musizierend; Herkules und Nessus; Europa und ihre Begleiterinnen mit dem Stier) sind in Neapel. — Zurück auf Str. di Nola.

Nr. 9. Vor dem Peristyl ägyptische Landschaften (2. Stils) mit Pygmäen.

Nr. 11. 3. Zimmer r. vom Atrium: Ganymed und der Adler. Narciss. Satyr und Bacchantin. Im Tablinum Kriegerfiguren. Zimmer r. vom Tablinum: Musen. Im Garten ein gemauertes Triclinium, mit Tisch, Altar und kleiner Bank; diese vielleicht für Kinder.

Aus der Hinterthür zum SO. Eckhaus Nr. 14. Das Haus war nach einem Umbau in der letzten Zeit nur teilweise ausgemalt worden. Man unterscheidet leicht die besseren älteren Malereien, vor dem Umbau (Atrium; Zimmer r. am Atrium mit den Musen; Peristyl) von den jüngeren: Zimmer neben dem Eingang (in einem Hero und Leander; Amoren fischend); Ala (Orest, Pylades und Iphigenie; Theseus); Zimmer r. am Peristyl. — L. vom Atrium Gastwirtschaft. An den Pfosten der Ala sind Hunde gemalt. Daneben Speisezimmer: die Malereien stellen Esswaren dar. — Geschlossenes Zimmer mit obscönen Bildern.

Zurück auf di Strada di Nola, auf dieser r.

Ins. IX, 6. Der ausgegrabene Teil wird fast ganz eingenommen durch ein grosses Haus, genannt **Casa del Centenario** (auch del Fauno ubbriaco). Zwei Atrien;

das l. Nr. 6 ist Haupteingangsraum; Malereien letzten Stils: Komödien- und Tragödienscenen; auf der r. Wand ist Herkules kenntlich; 1. Zimmer l.: Ägyptische Gottheiten; l. Ala: zwei altertümliche Dianenbilder. Das Nebenatrium Nr. 3 (Malereien in dem dem 3. Stil verwandten Kandelaberstil) diente auch als Zugang zu den Wirtschaftsräumen. Hinter beiden Atrien ein grosses Peristyl, welches nur auf der Vorderseite über den erhaltenen Säulen noch eine obere Säulenhalle hatte (Fragmente l. an der Wand), auf den anderen drei Seiten aber einstöckig war. An dem Wasserbassin stand als Brunnenfigur eine schöne kleine Bronzestatuette: ein nackter Satyr, der aus einem Schlauch Wasser auslaufen lässt (in Neapel). R. und l. vom Tablinum des Hauptatriums ein auf weissem und ein auf schwarzem Grund im letzten Stil gemaltes Zimmer; namentlich ersteres sehenswert. Daneben ein Zimmer 3. Stils mit rotem Grund. Sehr schön die r. Wand des Peristyls (letzten Stils): in den gelben Feldern Attribute der Juno, des Apollo, der Athene. — Hinter dem Peristyl kommt man durch einen geräumigen Saal (nur der Sockel gemalt) in einen jetzt bedeckten kleinen Hof mit Brunnennische, in der eine Silenstatuette aus Marmor gefunden wurde; Malereien: unten Fische und Wasservögel, oben Garten und Tierkämpfe. Der Gang r. unten führt zu Wirtschaftsräumen und Sklavenzimmern.

Am Nebenatrium Nr. 3 sowohl l. als aus der r. Ala Treppe zu oberen Räumen. R. ein kleiner Garten. R. vom Tablinum ein langer Gang; an diesem r. liegen:

1. Eine Gruppe von Zimmern, von denen 2 im Kandelaberstil gemalt sind, eines mit weissem, eines mit schwarzem Grunde, letzteres sehr schön, stark verblichen; die 3 Bilder, Theseus und Minotaurus, Hermaphrodit mit Silen und Bacchus, Orest, Pylades und Iphigenie, sind später eingesetzt und viel geringer; oben Fries mit Theaterscenen: kenntlich l. Priamus vor Achill, dem Eingang gegenüber Medea mit den Kindern; darüber kleine Genre-

scenen; man beachte die in Ornamenten und Figuren durchgeführte Farbenharmonie. — Weiter 2 kleine Zimmer; Malerei letzten Stils: in dem ersten Endymion und Selene (Luna); Venus als Fischerin; Kassandra (?). Das zweite geschlossen, mit obscönen Bildern. — Weiter am Gang:

2. Bad. Frigidarium, unbedeckt; nur der Teil mit Mosaikfussboden hatte ein von 4 Säulen getragenes Dach; Tepidarium; Caldarium. Zu den beiden letzten Räumen gelangt man durch ein Zimmer, welches ursprünglich zu dem Komplex 1 gehörte und in demselben Stil gemalt ist. — Weiter am Gang:

3. Bedecktes Nebenatrium, mit besonderem Eingang Nr. 1. R. (vom Eingang gerechnet) Abtritt und 3 Schlafzimmer, l. ein Stall (im Atrium fand man das Gerippe eines Esels und Reste des Geschirrs), Küche, Keller; in letzterem ein Backofen, unter dem Bade, dessen Heizung durch ihn verstärkt wurde. L. auch eine Treppe zu oberen Räumen. In der r. hinteren Ecke das Larenheiligtum: in dem ummauerten Raum fand man einen kleinen tragbaren Altar; hier war auch, dem Eingang Nr. 1 gegenüber, Bacchus auf die Wand gemalt, ganz in Trauben gehüllt, neben ihm ein Berg, in dem man den Vesuv erkennen will (Neapel).

Das Haus gehörte wohl sicher einem Ti. Claudius Verus, dessen Name in eine der Säulen des Peristyls eingekratzt war und der in der ganzen Nachbarschaft durch Wahlprogramme (oben S. 12) empfohlen war. Es enthält an den Atrien sehr alte Teile, erfuhr aber einen durchgreifenden Umbau vermutlich zur Zeit des Augustus und wurde damals teils im 3., teils in einem verwandten Stil (Kandelaberstil) ausgemalt. In eine der damals ausgemalten Wände (Atrium Nr. 3, l. Ala) ist ein Gladiatorenkampf gezeichnet mit der Beischrift: *Officiosus fugit VIII idus nov. Druso Caesare M. Junio Silano cos:* Officiosus floh am 6. Nov. 15 n. Chr. Also fällt Neubau und Ausmalung vor dies Jahr. Später, aber noch vor 63 n. Chr., sind dann das Atrium Nr. 6 und das Peristyl im letzten Stil ausgemalt worden. Dann folgte ein umfassender Umbau, veranlasst durch das Erdbeben von 63; nach demselben wurden verschiedene Zimmer ausgemalt, unter denen das schwarze und das weisse neben dem Tablinum die bemerkenswertesten sind: dagegen gab man denjenigen Teilen des

Atriums (Alen) und Peristyls, die nicht schon früher ausgemalt waren, nur rohen Stuck.

Die weiter östlich ausgegrabenen Häuser sind von geringem Interesse. In der Seitenstr. östl. der C. del Centenario ein Strassenaltar des Salus, mit gemalter Inschrift. Ebenda das kl. Haus 3 l. mit Gemälden 3. Stils, Heiligtümer und sonstige Gebäude darstellend. Am Ende der Str. di Nola die **Porta di Nola**, ähnlich dem Stabianer Thor (S. 42), mit Minervakopf über der Wölbung.

Auf der Strada di Nola zurück bis an den Kreuzweg. R. (nördl.) in die Fortsetzung der Stabianer Strasse. Zunächst auf der r. Seite.

Nr. 28. **Haus des M. Tofelanus Valens**, eine ursprünglich zu der die ganze Südseite der Insula einnehmenden Casa del Torello gehörige kleine Wohnung. Die Inschrift im Atrium: *M. Tofelano M(arci) f(ilio) Valenti quod amico donavi IIS (sest.) n. I.*, besagt, dass jemand (vielleicht der Besitzer der Casa del Torello) seinem Freunde M. Tof. Valens etwas, vermutlich das Haus selbst, in der Form schenkte, dass er es ihm um einen Sesterz (22 Pf.) verkaufte. Die Impluviumöffnung war an der l. hintern Ecke: daneben Treppe zu oberen Räumen.

Nr. 26. **Haus des L. Caecilius Jucundus**, eines Bankiers. Stattliches Haus aus samnitischer Zeit. Im Atrium gleich l. Basis der Larenkapelle: das Relief stellt die N.seite des Forums mit dem Jupitertempel und dem l. anstossenden Triumphbogen dar; wir lernen daraus, dass auf den Treppenwangen Reiterstatuen, auf der Plattform in der Mitte ein Altar stand. Daneben gemauerter Untersatz der Geldkiste. An der Rückseite des Atriums der Pfeiler der Herme des Hausherrn, seinem Genius — *Genio L(uci) n(ostri)* — von seinem Freigelassenen Felix in 2 Exemplaren geweiht. Die Bronzebüste und ein anderer, ganz gleicher Pfeiler sind in Neapel. — Malereien 3. Stils, trotz der z. T. schlechten Erhaltung wohl die schönsten Reste dieses Stils: Tablinum (die jetzt gelben Flächen waren zinnoberrot; die Bilder der l. Wand in Neapel: Orest, Pylades und Iphigenie in Tauris), l. Ala, Zimmer r. vom Tablinum. Am Peristyl Malereien 4. Stils; namentlich das grosse Zimmer l.: Parisurteil; 3 weibliche

Köpfe. In einem oberen Zimmer, da wo l. das Stück Mauer über den Säulen erhalten ist, wurde die Kiste mit den auf wachsbestrichenen Holztafeln geschriebenen Quittungen des Caecilius Jucundus (Neapel; vgl. oben S. 12) gefunden.

Nr. 18. Am Atrium Malerei 4. Stils: Götterbüsten. Verwundeter Adonis. Am Peristyl l. hinten ein Zimmer 2. Stils; den Bildern waren griechische Epigramme beigeschrieben. L. Wand: Ringkampf zwischen Pan und Amor. Rückwand l.: Fischer, Jäger und Hirt dem Pan opfernd; i. d. Mitte: Fischer dem Homer das bekannte Rätsel aufgebend: »was wir fingen, liessen wir; was wir nicht fingen, bringen wir.« Lösung: Läuse; Homer soll aus Verdruss gestorben sein, weil er es nicht lösen konnte; r. Ziegenbock dem Bacchus geopfert. R. Wand: Bacchusstatue mit Opfernden. Zu beachten die reichen und bunten, mancherlei Materialien nachahmenden Motive der dekorativen Malerei. Die jetzt hellviolett erscheinende Farbe ist Zinnober.

Nr. 14. **Laden** mit schöner, schlecht erhaltener Malerei 2. Stils; eigentümliche Variation dieses Stils: die leichte und spielende Behandlung der Architekturmalerei erinnert an spätere Zeiten. Das Hauptbild r. ist schon im Altertum herausgenommen und durch roh bemalten Stuck ersetzt worden.

Zurück auf der andern Seite der Strasse.

Nr. 28. **Laden.** Auf der Wand r. Mercur und Bacchus, das Gewerbe des Ladeninhabers, den Weinhandel, bezeichnend. Ausserdem: Venus als Fischerin. Polyphem, dem Amor den Brief der Galatea bringt. Das Lokal hatte ein oberes Zimmer und ausserdem einen Zwischenboden über der inneren Hälfte. Aus dem oberen Zimmer kam man l. in ein kleines Schlafzimmer, vorn auf eine Galerie (*pergula*); an dieser der Abtritt.

Nr. 22. **Fullonica,** Tuchwalkerei. Im Peristyl drei grosse Bassins zum Einweichen der Stoffe, mit Wasserhahn. Daneben 7 Plätze für die Gefässe, in denen die Stoffe in Wasser gestampft und gewaschen wurden, wie auf den in Neapel befindlichen Bildern aus der anderen Fullonica (unten S. 81) zu sehen ist. An der Wand darüber karikierende Darstellung eines Festes der Fullonen; l. Gerichtsverhandlung über eine dabei entstandene Schlägerei. — Im Gange r. vom Tablinum fand man einen Haufen weisslicher Thonerde (*terra fullonica*), die zum Reinigen der Stoffe diente. Im Laden Nr. 21 drei weitere Plätze zum Ausstampfen und der Platz der Presse; auch diese in den erwähnten Malereien dargestellt.

Nr. 20. **Haus des Vesonius Primus**, eines Walkers *(fullo)*, mit alter Kalksteinquaderfassade. Der Name ergiebt sich aus einigen auf die Strassenwand gemalten Inschriften und aus seiner im Atrium aufgestellten Herme, ihm *(Primo nostro)* von seinem Kassierer *(arcarius)* gewidmet. Auf der Rückwand des Gartens grosses Bild: Orpheus unter den wilden Tieren.

Am Peristyl mehrere Zimmer 3. Stils, darunter eines (neben dem Tablinum) mit ägyptischen Figuren, bezeichnend für den ägyptisierenden Charakter dieses Stils. — Am Atrium ist die r. Ala in einen Schrank verwandelt worden.

Am Kreuzweg ein kleiner Platz; auf demselben ein Altar der Strassengötter *(Lares compitales)*: das verblichene Bild stellt ein Opfer dar. Daneben ein Wasserleitungspfeiler; dahinter eine kleine Säulenhalle.

In älterer Zeit war hier ein grösserer, annähernd quadratischer Platz, auch dieser mit einer Säulenhalle auf der W.seite: ein sehr altertümlicher Rest derselben in einer zum Hause Nr. 20 gehörigen Kammer.

R. (westl.) auf der Strada di Nola. An der Ecke der ersten l. abgehenden Strasse, Ins. VII, 4:

Nr. 48. **Casa della caccia**. Tufffassade aus samnitischer Zeit; im Innern fast alles jünger. Malereien letzten Stils; namentlich sehenswert die schöne und zierliche Malerei des Tablinums: auf den Feldern Viktorien und schwebende Gruppen, welche vielleicht die Morgendämmerung und die Nacht bedeuten (in Neapel: Pasiphaë und Daedalus; Theseus und Ariadne).

Im Atrium: Jahreszeiten (Herbst und Winter erhalten). Zimmer r.: fischende Venus; Leda mit Schwan (in Neapel: Danaë); Götterbüsten: Zeus, Selene (Luna), Hermes, Helios (Sol). R. Ala: bunte Architekturmalerei, darin unten, sehr verblichen, auf der Rückwand die Erkennung des Achill auf Skyros, auf der r. Wand der Streit des Achill und Agamemnon. Am Garten 2 grosse Landschaften, die eine mit Polyphem und Galatea. Tierkämpfe. — Zimmer l. am Peristyl (geringe Malerei): Apollo und Admet. Artemis und Aktaeon.

Über den Läden neben dem Eingang war je ein auf die Strasse geöffnetes Oberzimmer *(pergula)* zur Ausstellung von Waren.

Von hier in die Nebenstrasse schräg gegenüber.

Nr. 43 **Casa degli Scienziati**, mit Mosaikbrunnen. Weiter an der Ecke l. ein **Wasserleitungspfeiler** (oben S. 10), an dem südl. der Abdruck der grossen hinaufführenden Röhre, hinten eine grosse Anzahl der kleinen herabführenden und verteilenden Bleiröhren sichtbar ist.

Jenseits der Querstrasse, die **neuesten Ausgrabungen**. An der Ecke ist der Eingang eines Hauses, welches durch die Schönheit und gute Erhaltung seiner Malereien und durch den Marmorschmuck seines Peristyls zu den interessantesten gehört. Die Malereien sind alle letzten Stils, aber im Atrium, den Alen und dem grossen Zimmer r. am Peristyl vor dem Erdbeben des J. 63, im übrigen nach demselben ausgeführt.

Im Eingang eine unter Verschluss gehaltene obscöne Darstellung des Priapus. Im Atrium r. und l. die unvollständig erhaltenen, mit Eisen und Bronze beschlagenen Geldkisten. Ebenda schöne Malereien. Zu beachten die Amorenscenen des schwarzen Streifens über dem Sockel; auf der r. Wand Amoren der Fortuna opfernd; ferner die monochromen Kindergestalten am Sockel. Im Zimmer l. vom Eingang geringe Malereien: l. die verlassene Ariadne. r. Hero und Leander. Besser gemalt das 1. Zimmer l. vom Atrium: Auf der Eingangswand Cyparissus, den die Götter in eine Cypresse verwandelten, um seinem Schmerz über den aus Versehen getöteten Lieblingshirsch ein Ziel zu setzen. Gegenüber der Ringkampf zwischen Pan und Amor vor Bacchus und seinem Gefolge. Oben r. Zeus, der Thür gegenüber Leda mit dem Schwan.

Das Peristyl, in dem man das Dach grösstenteils hergestellt und den Garten bepflanzt hat, giebt fast vollständig den Eindruck seines alten Zustandes. Ringsum, mit Ausnahme der Vorderseite, stehen an den Säulen Statuetten, von denen Wasserstrahlen in Marmorschalen fielen. L. Bacchus, ein Satyr mit Schlauch auf der Schulter und in der Ecke ein sitzender Knabe mit einem Hasen. Auf der Rückseite zwei Knaben, denen mit einem dicken Tuch die Hände auf den Rücken gebunden sind; in der Ecke Paris (?). R. zwei Bronzeknaben, die in einer Hand eine Traube, unter dem anderen Arm eine Ente halten, aus deren Schnabel das Wasser sprang; an der Ecke ein Satyr mit Amphora. Eine wahrscheinlich einst auf der Vorderseite stehende obscöne Brunnenfigur (*Priapus*) wurde in der Küche gefunden und wird in der an diese anstossenden verschlossenen Kammer aufbewahrt. Im Garten ein schönes viereckiges und ein rundes Marmorbecken, ein Springbrunnen in Form eines Salbengefässes und zwei auf Säulchen stehende Doppelbüsten: Bacchus und Ariadne, Silen und Bacchantin. Zwischen den Säulen drei Marmortische, der schönste vorn r., von drei Löwenfüssen und Köpfen getragen. Hier wie an manchen Statuetten Reste von Bemalung.

Die Malereien der Peristylwände sind nicht bedeutend; auf der Rückwand ein Satyr, eine Bacchantin; auf der Eingangswand r. die Muse Urania.

Auf der Vorderseite des Peristyls zwei reich bemalte Speisezimmer. In dem linken l. der kleine Herakles, die von Hera gesandten Schlangen würgend, dem Eingang gegenüber Pentheus und die Bacchantinnen, darunter seine Mutter und Gattin, die vom Bacchus, dessen Kult er verbieten wollte, verblendet, von 2 Furien gehetzt, ihn töten. R. ein die Gruppe des farnesischen Stieres (Dirke, Amphion und Zethos) wiederholendes und offenbar von ihr beeinflusstes Bild.

In dem Zimmer r.: L. Dädalus, der Pasiphaë die hölzerne Kuh zeigend. — Auf der Rückwand Ixion in der Unterwelt von Hephaestus auf dem Rade befestigt; Iris meldet der Hera diese Bestrafung ihres Beleidigers; die verschleierte sitzende Frau ist eine Seele als Bezeichnung der Unterwelt. — R. Bacchus, Ariadne findend, mit mancherlei interessanten Details.

Das schönste Zimmer des Hauses ist das grosse r. am Peristyl. Die Mittelbilder der Wände fehlen: es scheint, dass man sie ausgeschnitten hatte, um sie durch neue zu ersetzen. Auf dem schwarzen Streif über dem Sockel Amorescenen und zwar, von r. beginnend: Amoren mit Steinen nach der Scheibe werfend. Amoren als Kranzflechter und -verkäufer. Ölbereitung und Verkauf; l. werden die Oliven gepresst durch zwischen die Bretter des über ihnen stehenden Gerüstes eingetriebene Keile. Wettfahrt. Goldschmiede. Tuchwalker. Das Fest der Vestalien, an dem auch die Esel Rasttag haben. Weinlese und Kelter. Triumph des Bacchus. Weinhandel.

Die etwas niedriger liegenden gleichartigen Streifen unter den schmalen Wandfeldern enthalten teils blumenpflückende Psychen (zu beachten die feine Variierung des einfachen Gegenstandes), teils, neben den Mittelfeldern der Langwände, drei mythologische Bilder (ein viertes ist zerstört): auf der r. Wand Agamemnon in das Heiligtum der Artemis eindringend, um die heilige Hirschkuh zu töten; Apollo nach Tötung des Drachen Python. Auf der l. Wand Orest und Pylades (diese Figuren zerstört) in Tauris vor Thoas und Iphigenie. Am Sockel Amazonen in theatralischem Kostüm und Bachantinnen. In den roten Feldern schwebende Gruppen. R. Wand: Perseus und Andromeda; Rückwand r. Bacchus und Ariadne, l. Apollo und Daphne; l. Wand Poseidon und Amymone. Auf der Eingangswand r. neben der Thür Hermaphrodit und Silen. Zu beachten sind auch die schönen Ornamente in den schmalen schwarzen Feldern und die feinen Ornamentstreifen über den roten Feldern. Die schönen Figuren zwischen den Architekturen des oberen Wandteils sind von unten schlecht kenntlich.

R. neben diesem Zimmer ein kleines Peristyl mit einem Speise- und einem Schlafzimmer. In ersterem 2 Bilder: Erkennung des Achilleus unter den Töchtern des Lykomedes, und r. Herakles die Auge beim Waschen des Gewandes der Athene überraschend. Zurück ins Atrium. An diesem r. (vom Eingang aus) ein kleines Nebenatrium mit Larenheiligtum und weiterhin die Küche, in der man das Gerät, wie es gefunden wurde, auf dem Herd gelassen hat. Hinter ihr eine verschlossene Kammer mit obscönen Malereien. Zurück auf die Strasse; bei dem Wasserleitungspfeiler r. Jenseits der 1 Querstrasse liegt r., Ins. VI, 11:

Nr. 9, 10. **Casa del Laberinto.** Haus mit zwei Atrien, aus samnitischer Zeit, im Grundriss ähnlich der Casa del Fauno, hinter der es liegt: hinter dem Hauptatrium Nr. 10 und der r. Hälfte des Nebenatriums Nr. 9 liegt das Peristyl; vor und hinter demselben Wohnräume; hinter der l. Hälfte des Nebenatriums, und aus diesem zugänglich, die Wirtschaftsräume. Besonderes Interesse hat das Haus dadurch, das es die Wanddekorationen 2. Stils, aus der ersten Zeit der röm. Kolonie, bewahrt hat; es ist für Pompeji das wichtigste Beispiel dieses Stils. Die dieser Dekoration vorausgegangene Dekoration 1. Stils ist nur in dem viersäuligen Hauptatrium Nr. 10 und einigen anliegenden Räumen erhalten. Nur wenige Zimmer haben Malereien letzten Stils: so ein Zimmer zwischen den beiden Atrien (Paris und Oenone, seine erste Geliebte, die er verlassen will um Helena zu entführen). Am Nebenatrium Nr. 9 Malerei 2. Stils, Marmorbekleidung nachahmend; so auch in der Ala: Marmorbekleidung mit Säulen; 1. Zimmer (von W.) vor dem Peristyl: Marmorbekleidung mit Zahnschnittgesims); 1. Zimmer (von L.) hinter dem Peristyl: Marmorbekleidung mit Pfeilern; R. daneben: Marmorbekleidung mit Pilastern, Säulen und Gebälk; im folgenden Raume Mosaik: Theseus und Minotaurus im Labyrinth; hier und in dem anstossenden Saal mit innerer Säulenstellung (»korinthischer Oecus«); vollständige Architekturmalerei: auf den Seitenwänden beider Zimmer Blick in einen Portikus; auf der Rückwand des korinthischen Oecus r. Aussenansicht eines Hauses mit Erkern. Dahinter 2 Schlafzimmer. Ganz r. kleines Schlafzimmer mit Bettnische; die weite Thür wurde vermutlich im Sommer nachts aufgelassen, blieb dagegen im Winter ganz geschlossen, so dass dann der Zugang durch die kleine Thür war. Die Malerei zeigt im Vorraum eine niedrige Mauer, über die man auf eine Säulenhalle oder dgl. sieht: sehr deutlich, wie zwischen den Säulen ein Vorhang gespannt ist; in der Bettnische Marmorbekleidung: auf einigen Platten kleine Köpfe und Büsten.

In den Wirtschaftsräumen l. vom Peristyl: Sklavenzimmer, Larenkapelle, Küche; dann durch einen Gang zur Bäckerei mit 3 Mühlen (vgl. oben S. 55); im Mühlenraum Larenbild: ausser den Laren Vesta mit dem Esel und Venus Pompejana mit Amor, unten der Sarnus. L. Backzimmer, mit Tischfüssen und der cylinderförmigen Knetmaschine (S. 55). R. hinten Stall für die Esel, welche die Mühlen drehten. — Vor dem Mühlenraum das Bad: Apodyterium, Tepidarium, Caldarium, mit guten, aber schlecht erhaltenen Malereien 3. Stils.

Zurück auf die Strada di Nola.

Neben Casa della Caccia: Nr. 51. **Casa dei capitelli colorati** (auch Casa d'Arianna). Am Eingang ein Kapitell mit bacchischen Figuren. Haus aus samnitischer Zeit, in der letzten Zeit Pompejis sehr schön neu ausgemalt.

Man betritt das Haus von hinten. Zuerst ein Garten, in dem die Blumenbeete kenntlich; an demselben schmucklose Sklavenzimmer u. dgl. L. eine Ölpresse. Die ursprünglich in gleicher Breite ringsum gehende Säulenhalle ist durch spätere Einbauten verengt; aus der Zeit vor denselben stammt die Larenkapelle im vorletzten Raume r. Hinten r. über den Säulen die Wasserspeier an ihrem Ort erhalten; andere liegen auf den Wänden der Läden. L. hinten Küche. — Dann das Peristyl mit den eigentlichen Wohnräumen. Die Kapitelle der ionischen Säulen aus samnitischer Zeit sind in der letzten Zeit mit neuem Stuck überzogen und bunt bemalt worden: daher die Benennung des Hauses. Ringsum Speisesäle, Gesellschaftszimmer und Schlafkammern verschiedener Grösse. L. vorn eine Treppe zu einer Wohnung (Fremdenwohnung?) über den dort anstossenden und zu irgend einem Geschäftsbetrieb vermieteten Räumen. Die Treppe auf der r. Seite führte nur zu einem Raum hin über der anstossenden Schlafkammer. Malereien: namentlich das schöne bedeckte Zimmer r., mit blauem Grund (Venus und Adonis; Verkauf von Liebesgöttern, Landschaft l. oben auf der l. Wand). Gegenüber halbrundes Zimmer (Leda, Opferscene, Achill und Antilochus). Die sehr schöne Malerei des Durchgangszimmers zwischen Garten und Peristyl (ohne Bilder) ist wenig erhalten. L. daneben Zimmer mit tapetenartigem Muster, was selten vorkommt. — Durch Tablinum und 2 Gänge ins Atrium. Neben dem l. Gange ein Zimmer mit weniger guten Malereien (Apollo und Cyparissus; Aphrodite auf einem Triton). Am Atrium in der l. Ala (Apollo und Daphne) die Larenkapelle. Neben dem Strasseneingang der Stein, auf dem die Geldkiste stand. Die hier vorbeiführende Strasse ist die Strada degli Augustali (oben S. 54).

Weiter auf der Strada di Nola. L.

Nr. 56. **Casa del Granduca di Toscana.** Im Garten kleiner Mosaikbrunnen, einfacher und geschmackvoller als andere der Art.

Am Tablinum war r. (nach der Zeit des 1. Stils) ein Wandschrank angebracht.

Nr. 57. **Casa dei capitelli figurati**, genannt nach den Kapitellen der Strassenthür mit bacchischen Figuren. Schön und regelmässig angelegtes Peristylhaus aus samnitischer Zeit. Die Malereien, in einer Nebenform des 3. Stils (»Kandelaberstil«), sind schlecht erhalten. In der Ala ein Wandschrank. — Im Garten eine Sonnenuhr, 6 Säulen eines Pavillons, Larenkapelle. L. hinten Kuchenbäckerei (man fand mehrere Kuchen und Kuchenformen) und eine auf die Strada degli Augustali geöffnete Wirtschaft, bestehend aus Laden, Speisezimmer und 3 Schlafzimmern, gruppiert um einen kleinen Lichthof.

Nr. 59. **Casa della parete nera**. Ausserordentlich schöne Malerei auf schwarzem Grunde im grossen Zimmer hinter dem Peristyl; die 3 kleinen Bilder, Amoren in Kultushandlungen, sind älter als die Wand selbst und in dieselbe eingesetzt. Die Malerei stammt hier und in dem Zimmer l. daneben aus der letzten Zeit; alles übrige 3. Stils: z. T. schöne Details. Über den Halbsäulen der Gartenwand (1. Stils) Reste von Pilastern, die doppelt so dicht standen. Ebenda Wasserspeier erhalten.

Gegenüber, auf der r. Seite der Strasse:

Nr. 2. **Casa del Fauno**. Musterbeispiel eines im wesentlichen unverändert gebliebenen grossen und vornehmen Hauses aus samnitischer Zeit (2 Jahrh. v. Chr.), mit Dekoration 1. Stils. Vor der Thür im Trottoir der Gruss *have*. Tufffassade; nur die Pfosten der Hauptthür Nr. 2 waren mit weissem Stuck überzogen. Im Laden Nr. 1 Teile des Thürsturzes. Der Grundriss ist sehr regelmässig: an der Strasse 4 Läden, z. T. mit dem Innern des Hauses in Verbindung. Zwei Eingänge führen in 2 Atrien, von denen das l. (Nr. 2) das Hauptatrium ist. Hinter diesem und der l. Hälfte des Nebenatriums (mit zugehörigen Zimmern) ein schönes und grosses Peristyl; hinter der r. Hälfte des Nebenatriums die aus ihm zugänglichen Wirtschaftsräume: Sklavenzimmer, Abtritt, Bad (Tepidarium und Caldarium), Küche. Endlich hinter dem ersten Peristyl und den Wirtschaftsräumen ein zweites, grösseres, die ganze

Breite des Hauses einnehmendes Peristyl (Garten), mit Zimmern auf der Vorderseite, die sich z. T. auf das eine, z. T. auf das andere Peristyl öffnen. Die herrschaftlichen Schlafzimmer liegen an den Atrien, namentlich dem Hauptatrium (eines vorn am 1. Peristyl; im ersten Z. r. vom Nebenatrium und in dem dahinter liegenden fand man elfenbeinerne Bettfüsse), die Speise- und Gesellschaftszimmer an den Peristylien. Ein Oberstock war nur über den Räumen am Nebenatrium (mit Ausnahme der Alen) und über einem Teil der Wirtschaftsräume. Überhaupt waren obere Räume, namentlich in dieser älteren Zeit, nur ein Notbehelf: wenn die Ausdehnung des Grundstückes es gestattete, richtete man sämtliche Wohnräume zu ebener Erde ein und liess nur etwa die Sklaven in Oberzimmern schlafen.

Man beachte, dass das Hauptatrium als „tuskanisches Atrium" (ohne Säulen) behandelt ist, das Nebenatrium aber das Dach von 4 Säulen gestützt hatte, also jene Form hier als die vorzüglichere angesehen ist. Ferner die geschickte Art, wie im Grundriss die zwei Atrien in einander gepasst sind. Im Nebenatrium l. hinten der Stein für die Geldkiste; auf dem Stein r. stand eine Presse, man weiss nicht wofür: das ausgepresste floss durch das Loch in der Wand in das anstossende Zimmer.

In fast allen Räumen ist die eine Marmorbekleidung nachahmende Dekoration der samnitischen Zeit (1. Stil) mehr oder weniger vollständig erhalten. Die Wände waren unter dem Stuck mit Blei benagelt, um diesen vor Feuchtigkeit zu schützen. Auf den Wänden des Haupteinganges ist eine Tempelfassade nachgeahmt. Zu beachten ferner das Atrium, das 3. Zimmer l., das 1. Peristyl. Die Dekoration wurde ergänzt durch schöne Fussböden, z. T. mit herrlichen Mosaiken (Neapel). Nachstehend der schwellenartige Streifen zwischen Eingang und Atrium. Das berühmteste, die Alexanderschlacht, war in dem offenen Saal mit den roten Säulen hinter dem ersten Peristyl. Man beachte die schönen Kapitele eben dieser Säulen und Pi-

laster, sowie auch das schöne weisse ionische Kapitell r. hinten im ersten Peristyl; das zugehörige Gebälk hatte dorischen Triglyphenfries neben ionischem Zahnschnittgesims: eine in Pompeji gewöhnliche Stilvermischung. Ein oberer Umgang war auch im ersten Peristyl nicht vorhanden, wie aus einem im 2. Peristyl liegenden Gesimsblock desselben mit Einschnitten für die schrägen Dachbalken hervorgeht. Die eben dort liegenden kleineren Säulen stammen von einem oberen Umgang des 2. Peristyls, wo der gemauerte Architrav r. hinten modern ist. In der Mitte des 1. Peristyls stieg ein Springbrunnen aus einer Marmorschale auf, deren Fuss erhalten ist. Neben dem Impluvium des Hauptatriums fand man die berühmte Bronzestatuette (Neapel) eines tanzenden Satyr (»Faun«), nach der das Haus genannt wird.

Bald darauf wird die Strada di Nola (hier auch Strada della Fortuna genannt) gekreuzt von der Strada di Mercurio und ihrer auf das Forum mündenden Fortsetzung. L. Blick auf das Forum.

L. an der Ecke:

Nr. 1. **Tempel der Fortuna Augusta.** Der Altar steht hier zwischen den beiden Abteilungen des unteren Treppenabsatzes wie beim Jupitertempel. Die Treppe war vergittert mit 2 Thüren. Die Vorhalle hatte 4 Säulen in der Front, 3, einschl. der Ecksäulen, auf jeder Seite. Die Front der innen und aussen mit Marmor bekleideten Cella hatte Pilaster an den Ecken, nicht an der Thür, wo irrtümlich ein Stück des Eckpilasters angebracht ist. Das

Tempel der Fortuna Augusta.

Säulenkapitell r. vorn in der Vorhalle und die 3 Pilasterkapitelle stimmen stilistisch überein und stammen von der Ausbesserung nach dem Erdbeben 63 n. Chr., die beiden anderen Säulen-Kapitelle, von zierlicherer und für die Zeit des Augustus passender Arbeit, und stärker beschädigt, von dem ursprünglichen Bau. Im Innern an der Rückseite eine Kapelle (*aedicula*) auf deren Architrav eine Inschrift, nach der M. Tullius, 3mal Duumvir, Quinquennal, Augur, Kriegstribun, den Tempel (*aedem Fortunae Augustae*) auf seine Kosten und auf seinem Grunde baute. Fragmente des Giebels der Kapelle und eines Giebelfeldes über der Thür liegen l. an der Wand. Man fand im Tempel eine auf Augustus bezügliche Inschrift und 2 Statuen: eine weibliche mit abgesägtem Gesicht und eine männliche.

Der schmale Raum zwischen dem Tempel und den r. anliegenden Häusern ist durch eine kaum sichtbare Inschrift in einem Lavastein als Besitz des Gründers des Tempels bezeichnet (*M. Tulli M. f. area privata*).

Auffallend ist die Anbringung der Bauinschrift im Innern des Tempels; vielleicht erfolgte sie, während die Fassade, nach dem Erdbeben des J. 63, im Bau war; das betreffende Gebälkstück gehört dem Neubau an. —

Den Kultus der Fortuna Augusta besorgte das aus 4 Sklaven und Freigelassenen bestehende Kolle ium der *Ministri Fortunae Augustae*, im Jahre 3 v. Chr. gestiftet. Sie stellten jährlich, unter Aufsicht der Duumvirn und Ädilen, eine kleine Statue (*signum*) im Tempel auf: dies ergiebt sich aus ihren bis 56 n. Chr. reichenden Inschriften, von denen 2 im Tempel, 3 an anderen Orten gefunden wurden.

Rechts im Eingang der Mercurstrasse ein **Triumphbogen**, der zugleich für die Verteilung des Leitungswassers benutzt war. Die hier in Fragmenten gefundene Reiterstatue aus Bronze (Neapel) wird für Caligula gehalten. L. die breite Strada del Foro; an der l. Seite derselben eine Säulen- und Pfeilerhalle aus Backstein.

Weiter an der Strada di Nola. L.:

Nr. 2. Die **kleineren Thermen**, mit den zugehörigen Läden eine ganze Insula einnehmend; erbaut in der ersten Zeit der röm. Colonie (bald nach 80 v. Chr.), von dem

Duumvirn L. Caesius und den Aedilen C. Occius und L. Niraemius, auf Stadtkosten, später neu ausgemalt, im übrigen wesentlich unverändert geblieben. An der Strasse eine durch ein Vordach geschützte Bank für die wartenden Diener. Man tritt zunächst in das Männerbad, und zwar in den Auskleideraum (Apodyterium). In den Wänden Löcher für Regale, um Kleider darauf zu legen. In der Wand dem Eingang gegenüber ein Loch für eine Lampe; darüber das Fenster, dessen Scheibe, in Bronzerahmen, um zwei Zapfen drehbar war. Gleich r. vom Eingang ein kleiner Nebenraum, vielleicht zur Aufbewahrung des Salböls (Elaeothesium). — Dem Eingang gegenüber r. das runde Kaltwasserbad: die Dachöffnung ist nach S. ausgeschnitten, um mehr Sonne einzulassen. Zufluss des Wassers dem Eingang gegenüber; Abfluss beim Eingang, oben am Rande und unten zur Ausleerung. Oben l. vom Eingang Loch für eine Lampe. Im Fries Wettrennen zu Fuss, zu Wagen und zu Pferde. — Dem Eingang des Apodyteriums gegenüber l. ein zweiter Eingang aus einem Hofe mit Säulen- und Bogenhallen und einer schattigen Exedra; derselbe hat zwei Zugänge von 2 Strassen; an dem westlichen ein Abtritt. In dem Gange aus dem Hofe ins Apodyterium fand man 500 Lampen; in den Thermen überhaupt über 1000. — Aus dem Apodyterium r. ins Tepidarium. Es war geheizt nur durch das grosse Kohlenbecken, gestiftet nebst den Bänken von M. Nigidius Vaccula, auf dessen Namen die darauf angebrachte Kuh (*vacca*), so wie auch die Füsse der Bänke anspielen. An den Wänden Nischen für die Kleider; die thönernen Tragefiguren (Telamonen) erinnern an die Tuffskulpturen des kleinen Theaters (S. 40) denen sie gleichzeitig sind. Dagegen ist die schöne Stuckdecke wohl jünger; an ihr ist kenntlich: l. Amor; Ganymed mit dem Adler; r. Apollo mit dem Greif; oben in der Mitte: Amor auf Seepferden. Auch hier in der Wand über dem Kohlenbecken ein Loch für eine Lampe. Die Scheiben des Fensters waren in Bronzerahmen gefasst. — Weiter das **Caldarium**, Schwitzraum, mit hohlem Boden und Hohlwänden zur Heizung. R. Marmorwanne mit Stufen aussen und innen zum Einsteigen und schräger Rückwand *(pulvinus)*, um an diese gelehnt zu sitzen. Gegenüber das Waschbecken *(labrum)*, in dem laues Wasser aufsprudelte; es wurde nach der Bronze-Inschrift im Jahr 3—4 n. Chr. für 5250 Sesterzien, c. 1140 Mark, aufgestellt.

Zurück in den Ankleideraum. Aus diesem führt ein Gang in den Heizraum, dessen Einrichtungen von denen der grossen Thermen S. 51) nicht wesentlich verschieden sind. Weiter hinten ein kleiner Hof mit 2 Säulen, deren eine wahrscheinlich eine Sonnenuhr, die andere irgend einen Ziergegenstand trug.

Aus dem Heizraum auf die Strasse; gleich daneben Nr. 8 **das Frauenbad**. Vor der Thür ein Vorzimmer mit Bank für die Diener. Die Räume sind hier einfacher. Am Apodyterium neben dem Eingang das kalte Bad in einer Nische. Auch das Tepidarium hat hier hohlen Fussboden und Hohlwände.

An der neben dem Frauenbad l. abgehenden Strasse ein Pfeiler der Wasserleitung, durch den das Bad mit Wasser versorgt wurde.

An eben dieser Strasse r. ein grosser **Wasserbehälter**: die Treppe Nr. 18 hinaufsteigend kann man hineinsehen. In dem dunkeln Raum, in den die andere Treppe Nr. 17 hinabführt, sieht man unten zwei Abflussöffnungen, eine, etwas über dem Boden des Behälters, für den gewöhnlichen Abfluss, die andere ganz unten, mit einem metallenen Schieber verschliessbar, zur gänzlichen Ausleerung und Reinigung. Näheres über die Verteilung des hier ausfliessenden Wassers und über den Zweck des Behälters (Vorrat für Belagerung?) ist nicht ermittelt worden. Die Strasse zu Ende gehend findet man auf dem Eckpfeiler r. die gleich (S. 77) zu erwähnende oskische Inschrift.

Die Strada di Nola führt bald an den nicht ausgegrabenen Rand des Stadthügels. Kurz vorher geht rechts eine Strasse ab gradeaus zur Stadtmauer: man sieht einen Turm derselben. Eine andere links abbiegend (sogen. Via consolare) zum Herkulaner Thor. Wo die Strassen sich teilen, ein Brunnen, auf dem in Relief ein Adler mit einem Hasen; dahinter eine Speisewirtschaft (Thermopolium: *Taberna Fortunatae*).

Wir gehen zunächst auf der N.seite der Strada di Nola zurück; dem Frauenbad gegenüber:

Nr. 1. **Casa di Pansa** *(Domus Cn. Allei Nigidi Mai*, nach einer nicht erhaltenen gemalten Inschrift). Tufffassade aus samnitischer Zeit, mit sehr hohen Thüren. Die Läden hier, wie noch oft, mit auf die Strasse geöffnetem Oberzimmer (Pergula).

Auf dem vorletzten Tuffpfeiler r. eine gemalte oskische Inschrift, wahrscheinlich bezüglich auf die Belagerung durch Sulla. Sie besagt, dass man auf diesem (dem r. vom Hause abgehenden) Wege zu der das Herkulaner Thor und den 12. Turm umfassenden Mauerstrecke gelangt, wo M. Adirius kommandiert. Ganz die gleiche Inschrift stand (jetzt verblichen) an der Casa di Sallustio, bezüglich auf die dort zwischen den Insulae VI, 1 und VI, 2 an die Mauer führende Strasse. Eine dritte fast gleiche Inschrift stand (jetzt verblichen) auf der Casa del Fauno und besagte, dass die l. von diesem Hause abgehende Strasse auf die den 10. und 11. Turm umfassende Mauerstrecke führt, wo T. Fisanius kommandiert. Endlich ist hier zu erwähnen eine ähnliche Inschrift, zu der man gelangt durch die r. neben den Thermen abgehende Strasse. Am r. südl. Eckpfeiler dieser Strasse, an der nördlich am Forum vorbeiführenden Strasse, steht angeschrieben, dass man auf diesem Wege zum Hause des Majus Castricius und Maras Spurnius kommt, wo der Imperator V. Sejus wohnt. Wahrscheinlich sollten diese Inschriften den zur Zeit der Belagerung in Pompeji vereinigten fremden Soldaten die Wege weisen. Sie beweisen auf alle Fälle, dass schon in vorrömischer Zeit die Türme vorhanden waren.

Das Haus des Pansa ist an Grundfläche der Casa del Fauno ziemlich gleich; doch ist die Wohnung viel beschränkter, weil ringsum ein grosser Teil der Fläche durch Läden, Mietwohnungen und Garten in Anspruch genommen ist. Das aus samnitischer Zeit stammende Haus ist nur hinten am Peristyl umgebaut worden, um grössere Säle zu schaffen. Weder schöne Fussböden noch Malereien sind erhalten; doch ist das Haus sehenswert wegen der schönen Raumverhältnisse. Das Peristyl wiederholt gewissermassen die Form des Atriums mit Alen vorn an den Langseiten; die ionischen Tuffsäulen sind später durch Stuck in korinthische verwandelt worden, doch ist dieser Stuck grösstenteils wieder abgefallen. Die r. liegenden Fragmente lassen auf einen oberen Portikus schliessen, doch ist dessen Form nicht klar. — R. vorn Hinterthür *(posticum)* und Treppe zu oberen Räumen. L. hinten Wirtschaftsräume: Küche mit Larenbild, Stall und Wagenremise (Nr. 13). — Der Garten war ein Nutzgarten: die Beete waren bei der Ausgrabung kenntlich. Vor demselben eine Säulenhalle: in der Mitte, dem Fenster des grossen Speisesaals gegenüber, sind höhere Pfeiler statt der Säulen. — Unter den zum Hause gehörigen Läden l. vorn Nr. 17 Bäckerei mit 3 Mühlen (vgl. oben S. 55).

Weiter l. über eine Nebenstrasse. Insula VI, 8.

Nr. 5. **Casa del poeta tragico** (in Bulwers letzten Tagen v. P. das Haus des Glaucus). Der Eingang schiefwinkelig zum Atrium, wodurch ein hübscher Blick auf die seitliche Säulenreihe des Peristyls erreicht wird. Es ist eine kleine Wohnung, ausgezeichnet durch glückliche Raumverteilung und schöne Gemälde; diese (meist in Neapel) aus der letzten Zeit Pompejis. Um Atrium und Peristyl liegen 6 Schlafzimmer, ein Sommertriclinium (= Tablinum) ein Wintertriclinium (r. am Peristyl), eine Vorratskammer (*apotheca*: 3. Zimmer l. vom Atrium), Küche, dazu obere Räume, diese zugänglich durch 2 Treppen r. und l. vorn am Atrium; der Treppenraum l. diente zugleich als Sklavenzimmer.

Im Eingang stellte das Fussbodenmosaik (Neapel) einen Hund dar mit der Beischrift: *cave canem* (hüte dich vor dem Hunde). Im Atrium waren die jetzt in Neapel befindlichen grossen Bilder, Scenen aus der Ilias darstellend: Zeus und Hera auf dem Ida, Wegführung der Briseis von Achilleus, Abfahrt der Chryseis. L. teilweise erhalten Thetis mit den Waffen des Achill (?). — Im 2. Zimmer l. Amazonenkämpfe; die anderen Bilder in den Zimmern verblichen. — Im Atrium ist unter der Brunnenmündung die Öffnung geschlossen: sie diente nur zur Zierde, zeigt aber Spuren früheren Gebrauchs.

Das Fussbodenmosaik des Tablinums — Theaterprobe — und ein dort gefundenes Bild, Admet und Alcestis, das bekannte Orakel empfangend (beide in Neapel), gaben, indem man letzteres fälschlich für eine Leseprobe erklärte, Anlass zur Benennung des Hauses. Das Tablinum war, wie gewöhnlich, hinten verschliessbar.

In der Larenkapelle des Peristyls fand man eine Silenstatuette. An den Säulen Reste eines eisernen Gitters. L.

die Hinterthür (*posticum*), jetzt vermauert. An der Schmalwand der r. Säulenhalle war das berühmte Bild der Opferung Iphigeniens (Neapel). Das Wintertriclinium r. ist ein gutes Beispiel eines reich und sorgfältig gemalten, gut erhaltenen Zimmers der letzten Zeit Pompejis. Bilder: Jugendliches Paar mit Erotennest; darüber Marsyas und

Olympus; Theseus Ariadne verlassend; Unerklärtes Bild aus dem Artemismythos; in den Feldern: Kriegergestalten; Jahreszeiten.

Strada di Mercurio. Links

Nr. 14. **Kapelle der Strassengötter**, *Lares compitales*. Vgl. S. 47. Irrtümlich für eine Barbierstube gehalten.

Nr. 15—19. Läden mit oberem Lokal (Pergula). Weiterhin hat diese Strasse keine Läden, nur noch einige

in der Nähe des Kreuzwegs. Die Strasse, mit vorwiegend grossen und reichen Häusern, erhält dadurch einen vornehmen Charakter.

Nr. 20. **Fullonica** (Tuchwalkerei). Grosses, mit dem anstossenden Atrium Nr. 21 in Verbindung stehendes Peristyl, an dem teils die dem Gewerbe dienenden Lokale und Vorrichtungen, teils Wohnräume (ohne besonderes Interesse) liegen. Malereien letzten Stils; nur in dem

— 81 —

Eingangsraum (aus einem Triclinium durch Durchbrechung der Wand hergestellt) ist eine Dekoration 2. Stils teilweise erhalten.

Am Eingangsraum l. ein Zimmer zur Annahme von Bestellungen u. dgl.; weiter ein Wandschrank. An der Rückwand 4 Bassins zum Einweichen und Waschen der Stoffe. R. 6 Plätze für die Gefässe, in denen

die Stoffe gestampft wurden (s. die vorstehende Figur). Gewölbtes Waschzimmer mit Cisternenöffnung: man fand da (jetzt zerstört) eine gemauerte Wanne und einen Steintisch.

Zwischen dem mittleren und dem l. Eckpfeiler der Vorderseite stand ein Marmorbecken, in das von den zwei Pfeilern zwei Wasserstrahlen fielen. Dem gemalten Flussgott (Sarnus) auf dem Eckpfeiler entsprach auf dem anderen eine Nymphe mit Wasserbecken.

Auf dem Eckpfeiler waren die auf das Gewerbe der Fullonen bezüglichen, jetzt in Neapel befindlichen Gemälde angebracht. Es sind dargestellt:

1. Eine Frau, die von einer Arbeiterin ein Stück Zeug in Empfang nimmt; ein Mann, der einen Stoff ausbürstet; ein anderer, der das Räuchergefäss und das Gestell trägt,

auf dem die Stoffe geschwefelt werden. Auf diesem die Eule, der Vogel der Minerva, der Schutzgöttin der Fullonen (S. 80).

2. Vier Arbeiter, die in Gefässen Stoffe austreten und waschen.

3. Eine Frau, Befehle erteilend; zum Trocknen aufgehängter Stoff.

4. Die Presse.

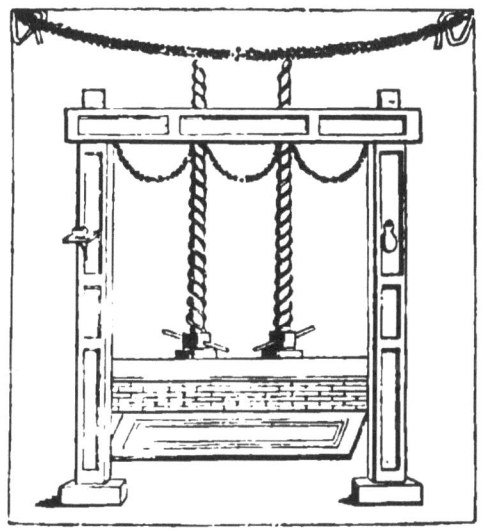

Mit diesen Räumen steht in Verbindung Nr. 21, ursprünglich ein hübsches sechssäuliges korinthisches Atrium, mit wenig anliegenden Räumen, später durch allerlei Einbauten entstellt.

Gegenüber Nr. 7, **Casa dell' ancora**, genannt nach dem Mosaik des Einganges. Eigentümliches Peristyl: der von kleinen Nischen umgebene Garten liegt tiefer als der von dünnen Säulen und Pfeilern getragene Portikus. Dieser mit den anliegenden Zimmern ist grösstenteils eingestürzt.

Nr. 6. Regelmässiges Atrium ohne Peristyl, mit Portikus vor dem Garten. Im Atrium eine Ölquetschmaschine. R. vom Eingang und l. vom Tablinum Zimmerdekorationen 1. Stils. — Nach dem Erdbeben von 63 wurde das Haus grossenteils neu gebaut, aber nicht gemalt.

Zurück auf die l. Seite.

Nr. 22. **Casa della Fontana grande.** Ursprünglich mit dem jetzt zur Fullonica gehörigen Atrium Nr. 21 zusammengehörig, wie schon die gemeinsame Fassade andeutet: einziges Beispiel einer geschlossenen Tufffassade aus samnitischer Zeit; zwischen den beiden Atrien sind 3 Thüren vermauert. — Schönes stattliches Atrium aus samnitischer Zeit, ohne Peristyl, mit Portikus vor dem kleinen Garten. In diesem ein Mosaikbrunnen mit 2 tragischen Masken (die r. Herkules). Die schweren Verhältnisse der Säulen deuten auf einen Umbau in der letzten Zeit Pompejis, aber, wie es scheint, vor dem Erdbeben des J. 63.

Nr. 23—24. **Casa della Fontana piccola.** Haus mit zwei Atrien.

Die Mauer zwischen beiden Atrien, und die Mauer r. am Atrium Nr. 23 waren nach 63 neu gebaut aber noch nicht bemalt worden: die Malereien l. am Atrium sind Reste aus früherer Zeit. Dagegen sind alle übrigen Malereien des Hauses aus der Zeit nach 63. Zu beachten die r. Ala. Hübsche Skulptur an der Stufe des Tablinum. Der Gartenportikus hat hier die schlanken dorischen Säulen der samnitischen Zeit bewahrt.

Im Garten ein Mosaikbrunnen mit komischer Maske als Wasserspeier und Nachbildung einer Bronzestatuette. Das Interessanteste sind die grossen Landschaftsbilder der Gartenwände. L. ein Hafen mit Tempeln, Wohnungen und bedecktem Quai. L. vom Brunnen: Tempel (oder Grab?) an einem Bach. R. vom Brunnen: Ländliche Wohnung: im Hofe eine Frau mit einem Kinde; r. oben eine Sonnenuhr, l. ein Pflug. — Im Portikus oben auf der kurzen Wand: Heiligtümer, r. eines mit sitzender Statue, dazwischen eine reitende Frau (?) von einem Hunde angebellt. — R. davon ein Hafen; ein Fischer anbetend vor einem Altar, an den ein Anker gelehnt ist.

Zur Küche und anderen Wirtschaftsräumen gelangt man aus dem Portikus wie auch aus dem kleineren Atrium Nr. 24. — An diesem Malereien im Tablinum und in dem Zimmer l., welches sowohl durch die Lebensmittel darstellenden Bilder als auch durch seine Form als Speisezimmer bezeichnet wird.

Gegenüber, Ins. VI, 10, Nr. 1. **Schenke**, in Verbindung mit dem Hause Nr. 2. Im vorderen Lokal Herd und Schenktisch mit treppenförmigem Repositorium. Im l. Hinterzimmer Bilder, auf das Leben der Schenke bezüglich. Von l.: 1. Gäste an einem Tisch, der Kellner sagt einem etwas ins Ohr. 2. Der Wein wird aus dem auf einem Karren ruhenden Schlauch in Amphoren gefüllt. 3. Der Kellner schenkt einem Gast ein; Beischrift: *da fridam pusillum* (giess etwas Kaltes zu). 4. Würfelspieler mit 2 Kellnern. 4. Gast und Kellner. 5. Um den Tisch sitzende Gäste. — Im Vorraum des r. Hinterzimmers Rest eines das Umfüllen des Weines darstellenden Bildes; im Hinterzimmer Polyphem und Galatea, fischende Venus.

Am Kreuzweg ein Brunnen; am Pfeiler in Relief: Merkur mit Flügelhut und Schlangenstab; hiernach ist die Strasse benannt.

Weiter auf der l. Seite der Strasse.

Nr. 8—17. Häuser ohne besonderes Interesse.

Nr. 18. **Casa di Adone** (*Domus M. Asellini*). R. am Garten grosses Gemälde, Venus mit dem verwundeten, von Amoren gepflegten Adonis, eines des best ausgeführten Bilder. Der Ausdruck der Hauptfiguren ist schwach; hübsch die Amoren; die orientalisch gekleidete Figur ist eine Lokalgöttin. Daneben an den Säulen zweimal Achill, von Chiron im Zitherspiel unterrichtet. — Zimmer l. am Peristyl: gut dekoriertes Zimmer der letzten Zeit; die jetzt schwärzlichen Wandfelder waren zinnoberrot; schöne ornamentale Details. L. Wand: Toilette des Hermaphroditen. Rückwand: Hermaphrodit und bacchische Figuren.

— L. hinten kommt man zu den Wirtschaftsräumen und Sklavenzimmern.

Nr. 19. Regelmässiges Atrium mit Portikus vor dem Garten, aus samnischer Zeit: nach 63 aufgebaut und ausgemalt. Der r. Teil des Portikus ist später in Wirtschaftsräume verwandelt worden; früher waren diese wohl über den Zimmern r. vom Atrium: r. hinten Treppe. Das Bild im Tablinum wiederholt eine der realistischen Landschaften der Casa della Fontana piccola (S. 83).

Nr. 20. 21. **Casa dell' Argenteria** (*Domus P. Antisti Maximi et L. Laeli Trophimi*). Haus aus samnischer Zeit mit Doppelatrium. Das tuskanische Hauptatrium Nr. 20 ist von grossen und schönen Verhältnissen. Das viersäulige Nebenatrium hat statt des gewöhnlichen Flurs (*fauces*) einen weiten Eingangsraum, der sich mit 2 Säulen aufs Atrium öffnet. Hinter diesem die Wirtschaftsräume, auf engen Raum zusammengedrängt, in zwei Stockwerken. Hinter beiden Atrien Garten mit Portikus und Larenkapelle. — Die wenig erhaltenen Malereien sind letzten Stils, aber wohl älter als 63 n. Chr. — Mit diesem Haus steht in Verbindung:

Nr. 22. Wahrscheinlich ein Wirtshaus; 2 Speise- und 6 Schlafzimmer, davon 5 (und der Abtritt) an einem langen Gange. Nach 63 war der Wiederaufbau nur erst begonnen, so dass nur der Grundriss kenntlich ist.

Nr. 23. **Casa di Apollo** (*Domus M. Herenulei Communis*). Alte Fassade aus Kalksteinquadern; im Innern vielfach umgebaut, nach 63 neu ausgemalt. L. am Atrium Helios (Sol). — Das Sehenswerteste an diesem Hause ist die Malerei des Tablinum: eine der schönsten und best erhaltenen Zimmerdekorationen letzten Stils. Die Mittelfelder und die kleinen Felder über den Seitenfeldern waren zinnoberrot; viele schöne Details. R. der verwundete Adonis, l. Toilette der Venus. — Im Hofe hinter dem Tablinum ein seltsam barocker Brunnen. R. hinten Küche mit Larenbild. R. unten Garten; in dessen Ecke ein Schlafzimmer für zwei Betten, auf dessen Wänden durch in die Architektur verteilte Figuren die Erfindung der Flöte durch Athene, deren Auffindung durch Marsyas und dessen Wettstreit mit Apollo dargestellt sind (Hauptfiguren, vom hinteren Ende der r. Wand angefangen: Athene spielt die Flöte; Apoll spielt Zither; Marsyas hat die Flöte gefunden; der Scythe kommt — nach der Besiegung durch Apollo — um ihn zu schinden; Olympos bittet für Marsyas; Apollo als Sieger; Marsyas gebunden; nochmals der Scythe mit dem Messer). Ausserdem Lichtgottheiten. Der Sockel war, ausser an den durch die Langseiten der Betten bedeckten Stellen, aus Marmor. Auf der Aussenwand dieses Zimmers Landschaft mit bacchischen Figuren und in Mosaik die Erkennung des Achill auf Skyros. Im Garten stand ein von 4 Säulen und 2 Halbsäulen getragener Pavillon. Die (jetzt z. T. für das Dach des Zimmers benutzten) Säulen und die Rückwand waren mit Mosaik bedeckt.

Nr. 25. **Casa del Duca d'Aumale.** Hübsche Pilasterkapitelle am Eingang.

Nr. 26. Stall.

Die Merkurstrasse wird am N.ende abgeschlossen durch die Futtermauer der an die Stadtmauer angelehnten Erdböschung (s. S. 95). An derselben ein Altar der Strassengötter (*Lares compitales*). Man sieht einen Turm: der untere, nicht mit Stuck bekleidete Teil war von der Erdböschung bedeckt, auf der man in die jetzt nicht erreichbare Thür gelangte. Sie ist hier nach der Ausgrabung teilweise entfernt worden, um die Innenseite der Mauer sichtbar zu machen. An dieser sieht man viele eingehauene Zeichen, wohl Zeichen derjenigen, welche die Steine zum Bau geliefert hatten.

Zurück auf der anderen Seite, Insula VI, 9.

Nr. 2. **Casa di Meleagro.** Grosses Haus aus samnitischer Zeit; die Malereien letzten Stils, nach 63, daher gut erhalten, aber von geringem künstlerischen Wert.

Im Eingang l. Meleager und Atalante, r. Merkur der Ceres (oder Fortuna) einen Geldbeutel reichend. Unter dem Tisch im Atrium eine Vorrichtung zum Kühlen von Speisen und Getränken. Auf der Basis stand eine Figur, die einen Wasserstrahl ins Impluvium fallen liess. R. vom

Eingang ein grosser Raum, in den Wänden Löcher für Regale, also wohl eine Vorratskammer. Ebenda Treppe zu einem oberen Raum, wohl der Kammer des Thürhüters. R. drei Schlafzimmer und neben dem Tablinum ein Speisezimmer, in dessen l. Wand drei Holzpilaster eingelassen waren. L. vom Tablinum Durchgang zu den Wirtschaftsräumen.

L. vom Atrium das schöne grosse Peristyl; in der Mitte ein Wasserbassin mit Springbrunnen; auch auf der kleinen Treppe stand eine Brunnenfigur. Seine Malerei, schwarze Felder mit architektonischen Durchblicken, gehört zu den besseren dieses Hauses. Ohne Feinheit in den Einzelheiten macht sie doch einen günstigen Eindruck durch die Farbenverteilung, die Leichtigkeit des Aufbaues, · das glückliche Verhältnis zwischen den grossen schwarzen Feldern und den schmalen Durchblicken: einer der nicht zahlreichen Fälle, wo dieser Wechsel, berechnet auf grosse Wände, auch auf einer solchen zur Geltung kommt.

R. am Peristyl offenes Zimmer mit innerer Säulenstellung (»korinthischer Oecus«): kein oberer Umgang, wie an der Rückwand kenntlich. Bilder: Satyr und Bacchantin. Theseus und Ariadne nach Tötung des Minotaurus. — Im l. anstossenden Zimmer: Marsyas und Apollo. — Grosser Speisesaal in der Ecke, mit unschönen Malereien: Parisurteil; unerklärtes Bild; am Sockel allerlei Speisen und Getränke, der Bestimmung des Zimmers entsprechend (von hieraus kommt man auch in die Wirtschaftsräume). — Daneben ein Schlafzimmer. Endlich neben dem Eingang vom Atrium ein Zimmer mit blauen Wandfeldern; hübsch die mittlere Partie oben, mit dem tamburinspielenden Mädchen.

Nr. 3, 4, 5. **Casa del Centauro.** Grosses Haus, schon in samnitischer Zeit durch Vereinigung dreier Häuser entstanden. Am Atrium Nr. 3 r. vom Eingang schönes Schlafzimmer 1. Stils; das Loch links neben der Bettnische ist wohl Schlafstelle eines Hundes, wie sie sich noch öfter findet.

Hinten ein kleines, durch spätere Einbauten noch mehr verengtes Peristyl aus samnitischer Zeit; die Fragmente kleiner Säulen deuten auf einen oberen Umgang; Treppe hinten r.
Nr. 5 war ursprünglich ein selbständiges Haus, mit Gartenportikus; das Atrium ist nach der Verbindung mit Nr. 3 in ein Peristyl verwandelt worden. Nr. 5 Strasseneingang, Nr. 4 Zelle des Thürhüters, durch die man, wenn die grosse Thür geschlossen war, eingelassen werden konnte. — An der r. Seite des Peristyls ein Wandschrank. Im Tablinum sind die Malereien 3. Stils wenig erhalten; ausgenommene Bilder: Herkules und Nessus (danach das Haus benannt); Meleager und Atalante. Aus dem Zimmer l. vom Tablinum stammt das schöne Mosaik (Neapel): Amoren, die einen Löwen gefesselt haben.
— Wirtschaftsräume im Keller, in den man, wie auch zum Garten und zur Hinterthür, durch einen Gang aus der r. hinteren Ecke des Peristyls gelangte.
Endlich an der r. Seite dieses Peristyls noch ein ganz kleines Peristyl mit einigen Zimmern.

Nr. 6, 7. **Casa di Castore e Polluce**, benannt nach den aus dem Eingang Nr. 6 ausgenommenen Bildern. Grosses Haus, entstanden in römischer Zeit durch Vereinigung dreier älteren Häuser, ausgezeichnet durch schöne Räume und Malereien. Da auf dem Eingangspfosten Merkur und Fortuna gemalt waren, so wird der Besitzer wohl Handel getrieben haben.

Der Haupteingang Nr. 6, mit dreiflügeliger Thür, führt zunächst in ein vollständiges Haus aus samnitischer Zeit, mit Gartenportikus. Das Haus war einstöckig: obere Räume waren nur über 2 Zimmern: l. vom Tablinum und und r. vom Eingang. Korinthisches Atrium mit 12 Säulen. L. die Plätze zweier Geldkisten; in einer derselben fand man 45 Gold- und 5 Silbermünzen. Eine Treppe in dem Raum r. vom Eingang führte in die Kammer des Thürhüters (*ostiarius*), der aus einem Fenster die aussen Stehenden sehen konnte. — Die l. Ala war in einen Wandschrank verwandelt, daher ist hier die Malerei 2. Stils erhalten. Im übrigen ist das Atrium in der letzten Zeit (nach 63) ausgemalt worden, doch ahmt diese Malerei eine ältere 3. Stils nach, von der ein Rest in der r. hinteren Ecke, durch einen Schrank geschützt, erhalten ist. Ganz im letzten Stil sind die schönen Malereien im Tablinum und in dem Zimmer rechts von demselben. Die Bilder des Tablinum (Erkennung des Achilleus auf Skyros; sein Streit mit Agamemnon) sind in Neapel; r. oben hübsche kleine Landschaft. Im Zimmer r. Geburt des Adonis aus der in einen Baum verwandelten Myrrha. Skylla dem Minos ihren Vater Nisus verratend (Nisus, König von Megara, hatte ein purpurnes Haar, an das sein Schicksal geknüpft war; als er von Minos belagert wird, reisst ihm Skylla das Haar aus, von Minos bestochen, oder aus Liebe zu ihm. Minos bindet sie an das Steuer seines Schiffes, wo sie dann in das bekannte Ungeheuer verwandelt wird). In beiden Räumen viele schöne ornamentale Details. Eigentümlich und beachtenswert auch die Malerei der 2 Zimmer mit weissem Grunde l. vom Eingang. Viel geringer das kleine bedeckte Zimmer l. vom Tablinum (Apoll und Daphne; Silen und Nymphe mit dem kleinen Bacchus). — Hinter dem Tablinum der Garten mit schöner, schlanker dorischer Säulenhalle; ein Gitter verband die Säulen und trennte r. einen von dem vorspringenden Dach der anliegenden Zimmer bedeckten Gang ab. An der Rückwand des Gartens Larenkapelle; vor derselben ein kleiner Altar. R. ein Bild: Phädra und Hippolyt. L. ein Speisezimmer. Daneben Küche und Wirtschaftsräume.

R. vom Atrium, auch aus dem Garten zugänglich, ein grosses Peristyl mit gut erhaltenen Malereien, nicht so fein wie im Tablinum und dem anstossenden Zimmer, aber phantastisch bunt und sehr wirkungsvoll: an leichten Gerüsten aufgespannte Teppiche wechseln mit Durchblicken auf phantastische Architekturen, die sich in den oberen Wandteil und z. T. in die Gerüste fortsetzen, in ihrem unteren Teil aber geschlossen sind durch je eine grüne Tafel, auf der ein Dreifuss oder ein Räucheraltar (Thymiaterion) gemalt ist; über dieser Tafel ein Lebensmittel darstellendes Bild (*xenion*). Auf den grossen Feldern: Venus Pompejana; Bacchantin; nackte Kriegergestalten; sinnendes Mädchen. An beiden Enden des Ostportikus (l. für den vom Atrium Nr. 6 kommenden): Thetis bei Vulkan (?); Waffnung des Achill.

Die Säulen sind an den Schmalseiten durch höhere Pfeiler mit Halbsäulen ersetzt, um den Blick aus dem grossen, ganz mit Marmor bekleideten Saal an der Ostseite frei zu machen.

Endlich, an das Peristyl anstossend, eine um ein **zweites Atrium** Nr. 7 gruppierte vollständige Wohnung mit Küche, mehreren Schlafzimmern und einem Speisezimmer an dem kleinen Garten.

Am Kreuzweg rechts auf die zum Herkulaner Thor führende »Via Consolare«. Insula VI, 2. An der Ecke: Nr. 4. **Casa di Sallustio.** Das Atrium mit umliegenden Zimmern und dem dahinter liegenden Garten ist ein schönes Haus aus samnitischer Zeit, neben der Casa del Fauno das wichtigste Beispiel des 1. Dekorationsstils. Der Laden Nr. 5 ist eine **Schenke und Speisehaus** (*thermopolium*); am Ende des Ladentisches eine Vorrichtung, um ein Gefäss auf Feuer zu stellen; der niedrigere Teil des kleinen Tisches in der Mitte ist Sitz des Wirts oder Kellners. L. hinten ein Wandschrank, auf der l. Mauer die vom Dache des Atriums stammenden Wasserspeier: gute, etwas grobe Arbeit aus samnitischer Zeit. — Die vollständige Verbindung der Läden 3 und 5 mit dem Haupteingang und mit dem Innern des Hauses beweist, dass auch dieses in der letzten Zeit dem Betrieb der Speisewirtschaft diente.

Das **Atrium** mit Alen und Tablinum bewahrt die Dekoration 1. Stils; die Farben weniger gut gewählt als in Casa del Fauno. Zu beachten das 2. Zimmer r. vom Atrium, wo oben eigentümliche Motive 1. Stils erhalten sind. Die Alen hatten ursprünglich beide in der Rückwand ein grosses Fenster: l. erstreckte sich früher der Gartenportikus bis an die Ala; auch r. muss schon damals, ähnlich wie jetzt, an die Ala ein Garten gegrenzt haben. Aus dem Raum hinter der l. Ala kam man l. zur Treppe des Obergeschosses. — Die 3 Räume r. vom Tablinum bildeten ursprünglich nur ein quadratisches, sehr einfach dekoriertes Zimmer. Im Zimmer l. vom Tablinum ist die Dekoration 1. Stils z. T. unecht, d. h. in späterer Zeit nachgeahmt. Hinter dem Hause eine Säulenhalle. Statt des Gartens eine Wandelbahn (*ambulatio*); nur in den Rillen an der Wand und auf der Mauer an den Säulen entlang waren Pflanzen. Am l. Ende gemauertes Speiselager (Triclinium) unter einer Laube, von der ein Pfeiler vorhanden ist. In der Nähe, unter der Säulenhalle, ein kleiner Herd. Das Stück Garten l. vom Triclinium war bepflanzt; man sieht hier, dass sich die Säulenhalle früher bis hinter die l. Ala erstreckte.

Rechts neben dem Atrium ein nur durch eine Thür zugängliches kleines Peristyl jüngeren Ursprunges: kleiner Garten mit Säulenhalle, 2 Schlafzimmer, ein grosses Speisezimmer, Küche. Die Säulenhalle hatte r. ein schräges Dach, um dem Speisesaal einen hohen Eingang geben zu können; auch die auf den Säulen modern aufgemauerten Würfel müssen ähnlich im Altertum gewesen sein, da die Höhe des Architravs feststeht. Dagegen war auf den beiden anderen Seiten ein flaches Dach und oberer Umgang: Treppe in der Küche. — Malereien letzten Stils, nicht schlecht. Am Garten ein grosses Bild: Diana und Aktaeon; r. Phrixus und Helle; l. Europa auf dem Stier; darüber kleine Genrescenen, die sich wohl auf der Brüstung des oberen Umganges fortsetzten. Im Schlafzimmer r. Mars und Venus; darüber Paris und Helena. Die Marmorbekleidung des Sockels ist an der Stelle, wo das Bett stand, nur gemalt. In der Nische fand man eine Bronzestatuette, im Zimmer ein 85 gr schweres Goldgefäss und einige Münzen.

Auch die Bäckerei Nr. 6 gehört zum Hause. Zu beachten der gut erhaltene Schornstein. — Auf dem Pfeiler zwischen den Läden Nr. 1 und 2 Reste der S. 77 erwähnten, auf die Belagerung bezüglichen oskischen Inschrift. Weiter gegen das Stadtthor (Porta di Ercolano). An der Gabelung der Strassen ein kleines gewölbtes Gebäude unbekannter Bestimmuug, von dem man gemeint hat, es habe für die Wasserleitung gedient. Doch ist dies um so mehr zweifelhaft, als an der Rückseite einer der gewohnten Wasserleitungspfeiler angelehnt war, ohne Verbindung mit dem Innern. An der dem Brunnen zugewandten Seite ein Altar. Wir wenden uns l.

R. Nr. 13. Öffentliches Lokal unbekannter Bestimmung, ohne Grund für ein Zollamt gehalten. An der Rückseite ein Altar.

Die gegenüberliegenden Häuser sind mehrstöckig am Abhang hinunter gebaut; die unteren Teile sind meist wieder verschüttet: man kann jetzt diese Art Häuser besser am Südrande der Stadt (oben S. 33) kennen lernen. Stellenweise Reste der hier vielleicht schon in vorrömischer Zeit zerstörten und überbauten Stadtmauer; so namentlich in Nr. 10. Schöne Aussicht.

R. Nr. 10. **Casa del Chirurgo**, benannt nach einem Funde chirurgischer Instrumente. Das einzige ziemlich vollständig erhaltene Beispiel eines Hauses der ältesten (Kalkstein-)Periode. Fassade aus Kalksteinquadern, mit niedrigerer Thür, als sie in der späteren samnitischen Zeit üblich ist. Im Innern fachwerkartige Schichtung der Steine, ohne Kalkmörtel, mit Lehm als Bindemittel. Der Grundriss ist sehr einfach, von dem mancher Häuser der folgenden Periode nicht wesentlich verschieden. Das Zimmer r. vom Tablinum war ursprünglich quadratisch und wurde erst später nach R. vergrössert. Vor dem Garten war ursprünglich ein Portikus mit Kalksteinpfeilern; er ist durch spätere Einbauten verkürzt worden; nur ein Pfeiler ist übrig geblieben. R. vom Atrium Wirtschaftsräume. Die erhaltenen Malereien sind alle letzten Stils; zu beachten nur das Zimmer r. am Garten (Dichter und 2 Frauen, wenig erhalten).

Nr. 7. Casa delle Vestali. Ausgedehntes unregelmässiges Haus mit Malereien letzten Stils. L. hinten ist das Peristyl mit anliegenden Zimmern an die Stadtmauer hinan gebaut. Durch die Hinterthür, auf der Strasse ein Stück nach r. — L. an der Strasse, Ins. VI, 2:

Nr. 14. **Casa delle Amazzoni,** mit eigentümlichen Malereien aus der früheren Zeit des letzten Stils. Im Zimmer l. am Garten auf den Feldern der Rückwand r. Amazone, l. ein Jüngling im Begriff vom Pferde zu stürzen. Auf der Strasse zurück:

Nr. 16. Im Tablinum schöne, aber wenig erhaltene Malereien 3. Stils. Durch das Haus, aus der Hinterthür, schräg nach l. über die Strasse, Ins. VI, 5:

Nr. 3. **Casa di Nettuno.** Am Atrium bunte und komplizierte Architekturmalerei: das Mittelmotiv ist ein mit einem Pavillon überdecktes Wasserbassin, an dem unter einer Art Laube eine Neptunstatue steht. Auf der Eingangswand Wagen (der Artemis) mit zwei Hirschkühen bespannt; man erkennt deutlich die Art der Anspannung, nur durch das Joch. — Im Zimmer r. vom Eingang unschöne Dekoration; Apollo und Diana; Theseus und Ariadne. — In der Mauer ums Impluvium eine Rille, um Blumen zu pflanzen.

Zurück auf die Via consolare (durch Nr. 22, wo Malereien letzten Stils, dann Nr. 24). — Weiter zum Thor. Zu beiden Seiten Schenken und Herbergen. Die Ladentische meist mit der Vorrichtung um ein Gefäss auf Feuer zu stellen. L. Nr. 1, Einfahrt für Wagen; drinnen Reste der Stadtmauer.

Porta di Ercolano. Innen r. Stufen, um die Mauer zu besteigen; sie erstreckten sich ursprünglich weiter, sind aber durch die an die Mauer angebauten Häuser unterbrochen worden; jenseits derselben kommen sie wieder zum Vorschein. Das Thor ist (wohl nicht nach der Zeit des Augustus) an der Stelle eines etwas weiter l. liegenden alten Thores erbaut worden. Innen l. Rest eines Gangsteigs vor dem Umbau. Eine innere und eine äussere überwölbte Durchfahrt mit je 2 ebenfalls überwölbten Fusswegen; dazwischen eine Art Hof. Der Verschluss in den inneren Durchgängen. In den Wänden der äusseren Durchfahrt je eine Rille; man vermutet, dass hier ein Fallgitter ging, doch ist dies sehr unsicher. Vor dem Thore ist rechts die **Stadtmauer** sichtbar (vgl. S. 5). Dieselbe ist etwa 6 m stark und besteht aus einer äusseren und einer inneren Steinwand, deren Zwischenraum mit Schutt und Erde ausgefüllt ist. (S. die Figur S. 95). Beide Steinwände bestanden ursprünglich aus Quadern, mit Strebepfeilern nach der Stadtseite. Und zwar hat die Innenwand noch jetzt, wo sie erhalten ist, diese Form und Bauart. Dagegen unterscheidet man an der Aussenwand ältere und jüngere Bestandteile, indem stellenweise der alte Quaderbau durch jüngeres Mauerwerk aus kleinen Lavasteinen ersetzt ist. Diesen jüngeren Teilen gleichartig sind die Türme, deren 10 erhalten sind; aus den oben S. 77 besprochenen Inschriften, welche offenbar die 3 Türme beim Herkulaner Thor als den 10., 11. und 12. bezeichnen, geht hervor, dass ihrer 12 waren: es müssen also (vermutlich zwischen dem Stabianer Thor und Seethor) noch 2 gewesen sein. Aus eben diesen oskischen Inschriften geht hervor, dass schon in vorrömischer Zeit die Türme, und also auch die ihnen gleichartigen jüngeren Mauerteile vorhanden waren. Es ist also nicht möglich, in diesen jüngeren Teilen die Ausfüllung der durch die Belagerung Sullas (S. 1) entstandenen Breschen zu erkennen. Vielmehr sind wahrscheinlich in der langen Friedenszeit nach dem 2. punischen Kriege die Mauern in Verfall geraten und die Steine der Aussenwand anderweitig benutzt worden. Beim Herannahen des Bundesgenossenkrieges, also gegen das Jahr 90 v. Chr., wird man dann die Mauer hergestellt und durch Türme verstärkt haben. Dies wird der Ursprung der jüngeren Mauerteile sein.

An die Mauer ist von der Innenseite, um sie zu verstärken und um die Besteigung zu ermöglichen, eine Erdböschung angelehnt, welche nur stellenweise, in der Nähe der Thore, durch steinerne Stufen ersetzt ist.

Um die Mauer zu betrachten, empfiehlt es sich zunächst unten an der Aussenseite entlang zu gehen. Man sieht hier den Wechsel der älteren und der jüngeren Teile; auf letzteren Zinnen und Wasserspeier.

Der 1. Turm zeigt ziemlich deutlich die Einrichtung der Türme; der vorspringendste Teil ist zerstört. Der

Turm (und so auch die übrigen) enthielt einen überwölbten Raum in der Höhe der Oberfläche der Mauer. Aus diesem führt in der Ecke l. (von aussen gesehen) eine Treppe in einen oberen Raum (oder auf ein flaches Dach), in der Ecke r. eine Treppe (der Zugang jetzt vermauert) in einen unteren Raum, in welchen sie einmündete, in der Ecke vorn l.: von der Einmündung ist nur der r. Pfosten erhalten, die Treppe modern vermauert. Wo diese letztere (in der Ecke l. hinten) rechtwinkelig umbiegt, hat sie eine Thür, durch die man von der Stadtseite in den Turm gelangte. Aus dem unteren Raum führt aus der r. hinteren Ecke ein absteigender Gang, erst nach l., dann nach vorn, zu einer Ausfallspforte (hier nicht ausgegraben), welche so gelegen ist, dass der heraustretende die l., vom Schild gedeckte Seite nach aussen wandte. Um dem Feinde stets diese Seite zuzuwenden, kehrten die Ausgefallenen nicht zu derselben Pforte zurück, sondern suchten den nächsten Turm zu gewinnen. Sowohl das in der Höhe der Oberfläche der Mauer liegende als das untere Stockwerk hatten in dem vor die Mauer vorspringenden Teil Schiessscharten.

Beim 2. Turm ist der Zugang von der Stadtseite an der nur teilweise vermauerten Treppe sichtbar. Hier beim 2. und zwischen dem 2. und 3. Turm ist die Innenwand der Mauer und die an sie angelehnte Erdböschung gut sichtbar.

Am 3. Turm ist der über die Mauer aufragende Teil besser erhalten (am 1. und 2. z. T. modern). In dem Raum in der Höhe der Mauerfläche sieht man hier die Schiessscharten. Ferner ist hier deutlich wie die Innenwand der Mauer um mehr als 3 m über die Oberfläche derselben aufragte. Die nach unten führende Treppe ist hier zugänglich.

Zurück auf der Mauer. Zinnen und Schiessscharten zwischen dem 3. und 2. Turm und wieder zwischen dem 1. Turm und dem Thor.

Gräberstrasse. Vor dem Thor steigt die nach Herculaneum und Neapel führende Strasse schräg am Abhange des Stadthügels hinunter. An ihr liegen Villen und Gräber, letztere auf schmalen, stellenweise unterbrochenen Streifen zu beiden Seiten. Drei Villen. Zuerst l. nach den ersten Gräbern die sogen. Villa des Cicero, früher ausgegraben, jetzt wieder verschüttet; dann r. auf dem Hügel eine noch nicht ausgegrabene Villa, mit einer Reihe Läden und einem von Arkaden getragenen Portikus an der Strasse; endlich ganz unten l. die sogen. Villa des Diomedes. Die Gräber sind fast alle aus römischer Zeit und enthalten die Asche verbrannter Leichen; für die meisten ist, nach den Inschriften, der Platz vom Stadtrat (*decurionum decreto*) bewilligt. Nur ganz unten r. eine kleine Gruppe von Gräbern aus samnitischer Zeit mit unverbrannten Leichen.

Gleich am Thor l.:

1. **Grabnische des Augustalen M. Cerrinius Restitutus.** An der Rückwand stand ein hoher Grabstein und vor demselben ein kleiner Altar, beide aus Marmor und mit gleichlautender Inschrift. Die Asche war wohl unter dem Altar vergraben.

2. **Halbrunder Sitz** (*schola*) **des A. Vejus.** Er war Duumvir, Quinquennal und vom Volk gewählter Kriegstribun und ist wohl hinter der Bank begraben. Auf der Basis mit der Inschrift wird seine Statue gestanden haben. Die Würde des *tribunus militum a populo* kommt nach Augustus nicht mehr vor.

3. **Grab des M. Porcius**, für welches, nach der Inschrift auf den kleinen Lavasteinen zu beiden Seiten, der Stadtrat ein Quadrat von 25 Fuss (römische Fuss = m 0,296) bewilligt hatte; das Mass stimmt nicht ganz genau. M. Porcius kann der Miterbauer des kleinen Theaters und des Amphitheaters sein, aber auch ein Sohn oder Verwandter desselben, z. B. der Mitstifter des Altars

vor dem Apollotempel (S. 20). Das Grab hatte die Form eines grossen Altars; die oberen Glieder liegen z. T. an der Strasse. Halbrunder Sitz der Priesterin Mamia; sie war hinter demselben begraben. Die Arbeit der Greifenfüsse ist zierlicher und weniger kräftig als am Sitz des Vejus; wohl aus etwas späterer Zeit.

Hinter dem Sitz der Mamia ein grosses Grab in Gebäudeform, mit Nischen für Aschenurnen in einer zugänglichen Grabkammer. Die vorn liegenden Tufffragmente stammen grösstentheils von einem runden säulengetragenen Oberbau, in dem Statuen standen, die hier gefunden wurden. Aus zahlreichen Grabsteinen, die bei dem Monument standen, geht mit Wahrscheinlichkeit hervor, dass es der vornehmen Familie der Istacidier gehörte. Unter anderen war hier eine Priesterin Istacidia Rufilla beigesetzt.

Neben dem Grab der Mamia ging l. eine Strasse ab (jetzt vermauert). An der Ecke Kopie einer hier gefundenen Inschrift, nach der der Kriegstribun T. Suedius Clemens im Auftrage Vespasians der Stadt die von Privatleuten widerrechtlich in Besitz genommenen Bodenstrecken zurückgegeben hat: wo diese lagen, ist zweifelhaft. — In der Nähe wurde eine auf eine Badeanstalt bezügliche Inschrift gefunden: *Thermae M. Crassi Frugi aqua marina et baln(ea) aqua dulci. Januarius l(ibertus).* d. h.: Badeanstalt des M. Crassus Frugi, mit See- und Süsswasserbädern, (verwaltet vom) Freigelassenen Januarius. Die dem M. Crassus Frugi (Konsul 64, von Nero getötet 68 n. Chr.) gehörige, aus dem Meere aufsteigende Heilquelle erwähnt auch Plinius. Vermutlich gelangte man auf der hier abgehenden Strasse zu derselben.

Auf dieser Seite hören nun die Gräber auf. An der Strasse liegt die wieder verschüttete sogen. Villa des Cicero. Erst weiter unten sind wieder Gräber. Auf der r. Seite der Strasse vom Thore beginnend:

1. **Grosses altarförmiges Grab ohne Inschrift.** In der kleinen Kammer im Unterbau (erst vor wenig Jahren geöffnet) fand man zwei Thongefässe in Bleikapseln, mit Erde bedeckt, in denselben die Knochenreste, mit einem Tuche bedeckt, und zwischen ihnen je eine Münze aus der Zeit des Augustus. R. Fragmente der Voluten des Altars. — Unbekannt ist die Herkunft der bei dem Grabe liegenden grossen Säulentrommeln.

2. **Grab des Aedilen M. Terentius Felix Major**, ihm von seiner Gattin Fabia Sabina errichtet. Die Stadt bewilligte hierzu nicht nur den Platz, sondern noch 2000 Sesterzen (435 Mk.) Das Grab ist ein ummauerter Raum; Terentius Felix war beigesetzt unter dem kleinen Tisch l.: hier fand man eine Glasurne mit den Knochenresten — sie stand in einer Thonurne und diese in einer Bleiurne —, ferner einen Grabstein mit der Inschrift *T. Maiori*. Andere Knochenreste, wohl von Angehörigen oder Freigelassenen, fand man in dem durch eine niedrige Mauer abgetrennten Raume r., dem erwähnten Tisch gegenüber.

Die folgenden Gräber 3—8 sind namenlos. Von 3 und 4 ist nur der Unterbau erhalten. 3 war wohl geformt wie 1; 5 ist der Eingang zum Vorhofe eines noch nicht ausgegrabenen Grabes, von dem Fragmente da liegen.

6. **Grab der Guirlanden**, genannt nach der Verzierung der r. Seite, der Bauart nach aus der ersten Zeit der römischen Kolonie. Das Gebäude ist massiv. Ob sich etwa im Unterbau eine Grabkammer befindet, ist nicht festgestellt. Die davor liegenden Tufffragmente mit hübscher Skulptur und Resten einer Kassettendecke, gehören nicht hierher, sondern zu dem säulengetragenen Oberbau eines ähnlichen Grabes.

7. **Einfriedigung.**

8. **Grab des blauen Glasgefässes**, genannt nach der schönen Glasurne (Neapel) mit Reliefdarstellung der

Weinlese, die in der nach hinten zugänglichen Grabkammer gefunden wurde. Ausserdem fand man dort noch eine andere Glasurne und 13 Thonstatuetten. Die Form des Grabes war wie die weiter unten l.: auf dem erhaltenen hohen Unterbau erhoben sich Stufen und auf diesen ein Altar. Das vor dem Grabe liegende marmorne Gebälkstück gehört nicht hierher. Es ist nach dem bei 6 liegenden Tuffgebälk gearbeitet, aber weniger gut.

9. Halbrunde Nische. Es ist zweifelhaft, ob dieselbe ein Grabmal ist. Die Inschrifttafel ohne Inschrift im Giebelfeld scheint darauf zu deuten, dass sie zu solchem Zweck erbaut, vielleicht aber nachher nicht dazu benutzt wurde. Die Nische, wie auch das Grab 8, gehörte zu der anstossenden Villa, aus der der Platz hinter ihnen zugänglich war.

Von den besprochenen Gräbern sind einige offenbar älter als der Neubau des Thores. Es ist klar, dass r. 3. 4. 6. eine andere Richtung haben, als die übrigen: eine an ihren Fronten entlang gezogene Linie führt auf ein, von aussen gesehen, weiter r. liegendes Thor zu. Dass das ,Thor vor dem Neubau weiter r. (von aussen) lag, zeigt auch die Richtung der Strasse, wenn man, etwa bei der halbrunden Nische stehend, hinaufsieht. Auf der anderen Seite ist das Grab des Porcius, da es so viel weiter zurück liegt, auch wohl älter als der Neubau des Thores. Der Sitz des Vejus ist jünger als das Grab des Porcius, dessen Inschrift er teilweise verdeckt; noch jünger ist die Nische des Restitutus und wahrscheinlich auch der Sitz der Mamia; alle diese sind jünger als der Neubau des Thores.

Von hier an hören auch r. die Gräber auf. Die beiden Villen treten unmittelbar an die Strasse. Beide Besitzer haben ihre Lage an der Strasse benutzt, um Lokale zu Schenkwirtschaften u. dgl. zu vermieten, vor denen sich l. von Nr. 8, r. von Nr. 15 an ein pfeilergetragener Portikus hinzog. R. führen die Eingänge Nr. 12 und 15 in Wirtschaftshöfe der Villa. In Nr. 12 ein Mosaikbrunnen; 4 Mosaiksäulen, die vor demselben einen Pavillon trugen, sind in Neapel. R. (vermauerte) Thür zu dem Raum hinter der halbrunden Nische und dem Grab des Glasgefässes. — In Nr. 15 eine Hauskapelle, dem Herkules

und Apollo geweiht: drinnen auf dem roten Streif über
dem kleinen Altar Dreifuss und Sonnenscheibe; in der
Lünette die Keule des Herkules; auf dem Altar draussen
l. der grosse Becher des Herkules; r. die Keule; auf der

Grab des Umbricius Scaurus.

Vorderseite das zum Opfer geführte Schwein. — L. am
Hofe eine Säulenhalle und Aufgang zu höher gelegenen
Räumen.

Wenig weiter abwärts fangen l. mit Nr. 16 die Gräber
wieder an.

16. Grab der in dieser Reihe häufigsten Form: Unterbau, der die Kammer enthält, darüber ein Altar auf Stufen. Oben unvollständig erhalten, weshalb man es für unvollendet gehalten hat (*sepolcro in costruzione*). Dabei ein Grabstein der eigentümlichen büstenähnlichen, nur in Pompeji und Sorrent vorkommenden Form mit der Inschrift *Junoni Tyches Juliae Augustae vener*, d. h. dem Genius (*Juno* heisst der Genius der Frauen) der Tyche, einer Lieblingssklavin (? *veneria*) der Julia Augusta (Livia).

Rundes Grab (Durchschnitt).

17. Grab des Umbricius Scaurus, für welches der Stadtrat den Platz und 2000 Sesterzen bewilligt hatte; das Denkmal ihm von seinem Vater gesetzt: so die Inschrift der Vorderseite; die anderen 3 Seiten waren nur mit Stuck verziert. Auf der Vordermauer und auf den der Strasse zugewandten Stufen des Oberbaues waren in Stuckrelief Gladiatorenkämpfe dargestellt, wohl zur Erinne-

rung an ein von dem Verstorbenen gegebenes Schauspiel (S. 101). Die Grabkammer, mit Nischen für Urnen, wurde leer gefunden. Von den Öffnungen des Pfeilers in der Mitte (auch für Urnen bestimmt), war die vordere durch einen Vorhang, die anderen durch Glasscheiben geschlossen.

18. **Rundes Grab.** Die eigentümlich gewölbte Kammer hat 3 Nischen, in deren Boden die Urnen eingemauert und mit Deckeln geschlossen sind, wie in den römischen Kolumbarien (s. den Durchschnitt S. 102). Die unbeschriebene Inschrifttafel in der Umfassungsmauer hat wohl der hier Begrabene bei Lebzeiten dort angebracht, während die Erben es vorzogen, die (nicht erhaltene) Inschrift oben am Grab selbst anzubringen.

19. Platz mit einem Grabstein ohne Inschrift.

20. **Grab des Augustalen C. Calventius Quietus**, dem der Stadtrat wegen seiner Munificenz die Ehre des Bisellium bewilligt hatte, d. h. das Recht, im Theater auf einem besonderen Sessel unter den Stadträten zu sitzen. Das Bisellium, der Theaterstuhl, ist auf dem Denkmal abgebildet. Keine Grabkammer: die Asche ist wohl unter dem Denkmal begraben.

21. **Grab des Paganen** (s. S. 2) **N. Istacidius Helenus** und seiner Familie: eine einfach ummauerte Fläche, innerhalb deren die Plätze der einzelnen Personen durch Grabsteine in Büstenform bezeichnet sind. Vor einem derselben, mit der Inschrift *Istacidiae Scapidi*, war ein Gefäss in den Boden eingelassen, für Totenspenden. Das Grundstück ist nach der Inschrift ein Quadrat von 15 Fuss (4,44 m); doch stimmt das Mass nur in der Tiefe; die Breite beträgt 4,34.

22. **Grabmal der Naevoleja Tyche**, von ihr erbaut für sich, für den C. Munatius Faustus, Paganen der Vorstadt Pagus Augustus Felix, und für die beiderseitigen Freigelassenen. Auch Faustus genoss die Ehre des Bisellium, welches auf der l. Seite abgebildet ist. Vorn oben das Bild der Naevoleja Tyche, unten das Totenopfer. R.

das in den Hafen einlaufende Schiff (die Segel werden eingezogen): Symbol des Lebensendes. In der Kammer, mit Bank und Nischen, fand man einige Lampen und Aschenurnen, darunter 3 gläserne, die in Bleikapseln standen; die Knochen schwammen in denselben in einer aus Wasser, Wein und Öl gemischten Flüssigkeit.

23. Triclinium funebre. Grab des C. Vibrius Saturninus. In dem ummauerten Raume ein gemauertes Speiselager (*triclinium*) für die Leichenmahle, ganz ähnlich den in mehreren Häusern erhaltenen (S. 60, 91). Die Asche des Saturninus war wohl irgendwo an der Eingangsmauer beigesetzt.

In der bis hierher betrachteten Reihe sind das runde Grab, das des Istacidius Helenus, und das Triclinium funebre älter als die übrigen. Von diesen ist das des Scaurus (17), als das einfachste, für das älteste zu halten: es ist, wegen einer Besonderheit im Kostüm der Tierkämpfer, nicht vor der Zeit des Claudius errichtet. In Betreff der übrigen wird anzunehmen sein, dass man sich in der Pracht der Monumente zu überbieten suchte, dass also das *sepolcro in costruzione*, als das einfachste, für das älteste, das der Naevoleja Tyche, als das reichste, für das jüngste zu halten ist.

Auf der r. Seite liegt am Fusse des Hügels zwischen den sich hier trennenden Strassen nur ein fertiges Grab:

37. Grab des M. Allejus Luccius Libella, Duumvirn und Quinquennalen, und seines gleichnamigen 17jährigen Sohnes, Stadtrats, ihnen von der Frau des Ersteren, Alleja Decimilla, Priesterin der Ceres, gesetzt. Schönes, vollständig erhaltenes Denkmal aus Kalkstein (sogen. Travertin); eine Grabkammer ist vielleicht im Unterbau verborgen.

In der Nähe 4 Gräber, die alle nicht fertig geworden sind. Der Vollendung am nächsten ist:

34. Grab mit der Marmorthür. Im Innern (man kann von hinten hineinsehen) eine giebelförmige Nische dem Eingang gegenüber, in der man eine Alabasterurne mit Knochen fand. Andere Urnen aus Glas, Thon und Marmor standen auf der Bank, die an den Wänden entlang läuft.

Das Grab sollte von aussen mit Quadern verkleidet werden, doch ist es unterblieben, vermutlich weil den Erben das Geld ausging. Ganz ohne Grund hat man eines der unfertigen Gräber für ein Ustrinum (Ort zur Leichenverbrennung) gehalten. Ein solches durfte in solcher Nähe der Stadt nicht angelegt werden. Weitere Gräber liegen auf der Höhe zwischen den beiden Strassen; sie zerfallen in 3 Gruppen, jede auf einem durch eine besondere Futtermauer gestützten Grundstück.

Erste Gruppe: 38. Grab des L. Cejus Labeo (Ins. in Neapel: *L. Ceio L. f. Men. Labeoni, iter(um) d(uum) v(iro) i(uri) d(icundo), quinq(uennali) Menomachus l(ibertus)*. Denkmal in Form eines Gebäudes auf hohem Unterbau. Die Stuckreliefs stellten auf der Stadtseite einen Mann neben seinem Pferde dar. Auf dem erhaltenen Gebäude stand wohl noch ein Obergeschoss (Fragment in der anstossenden Einfriedigung) und Statuen in demselben, deren mehrere gefunden wurden. Im Innern fand man die Knochen in einer Glasurne die in eine Bleikapsel eingeschlossen war.

Zu diesem Grabe gehört die östlich anstossende Einfriedigung. Hier steht ein Grabstein mit der Inschrift: *L. Ceius Comunis*; es war ein Begräbnisplatz für Angehörige und Freigelassene des Cejus Labeo, zugänglich nur von der Stadtseite, wenn man eine Leiter ansetzte.

Zweite, mittlere Gruppe, mit der in die Futtermauer eingelassenen Inschrift: *N. Velasio Grato vix. ann. XII.* Das Grab des 12jährigen Knaben ist die Nische 41, unter der seine Asche beigesetzt ist. — Auf demselben Grundstück die ganz ähnliche namenlose Grabnische 40 und das an die Ecke des Monuments des Labeo angebaute Grab (in Gebäudeform) 39.

Dritte Gruppe, jünger als die zweite: die, nach der in die Futtermauer eingelassenen Inschrift, von M. Arrius Diomedes seiner früheren Herrin Arria, sich selbst und den Seinigen errichteten Gräber. Vorn an der Strasse 42 das

Monument des Diomedes, in Tempelform; in der Inschrift ist seine Würde als *Magister pagi Augusti Felicis suburbani* nachträglich hinzugefügt; auf diese Würde beziehen sich auch die auf der Vorderseite des Grabes abgebildeten Rutenbündel (*fasces*). — Das weiter zurück liegende Grab 43, ähnlich dem Grabe 39, ist wohl das der Arria. Diomedes hat seine Eigenliebe mit der Pietät für seine Patronin so vereinigt, dass er ihr das grössere Monument errichtete, für sich aber den mehr in die Augen fallenden Platz wählte. — Angehörigen des Diomedes gehören die 2 Grabsteine l. am Wege: den Freigelassenen Arria Utilis und M. Arrius Primogenes.

An dem Wege der sich etwas aufwärts von diesen Gräbern r. abzweigt, ist r. ein kleiner Teil einer vorrömischen (samnitischen) Begräbnisstätte ausgegraben: Kasten aus Kalksteinquadern, in denen die unverbrannten Leichen mit einigen gemalten Vasen (Museum in Pompeji; s. S. 14) beigesetzt waren.

24. **Villa des Diomedes.** Gegenüber den Gräbern der Familie des Diomedes liegt eine Villa, die man deshalb, sonst ohne Grund, nach ihm benannt hat. Der Vorschrift des Vitruv gemäss hat sie kein Atrium; man tritt gleich in das Peristyl. Um dieses, an einem dahinter liegenden Gang und an dem tiefer gelegenen Garten liegen die Wohn- und Wirtschaftsräume. Die Malereien sind durchweg letzten Stils; nur in wenigen Räumen sind aus früherer Zeit Malereien 2. Stils erhalten.

Am Peristyl, vorn, l. vom Eingang, liegt das Bad: ein kleiner Hof mit Säulenhalle vorn und l., in demselben das Kaltwasserbassin unter einem von 2 Säulen gestützten Dach. In der Ecke l. ein kleiner Herd, auf dem einige Gefässe gefunden wurden. R. (mittlere Thür) Apodyterium, Tepidarium, Caldarium; das Tepidarium nur geheizt durch ein Loch in der Wand, welches warme Luft aus dem Caldarium einströmen liess; das Fenster des Tepidarium fand man mit 4 Glasscheiben geschlossen. — R. am Hofe ausserdem noch ein Vorratszimmer und die Küche, von der aus auch das Bad geheizt wurde.

L. am Peristyl zuerst eine (jetzt vermauerte) Thür, die in den Garten führte. Dann ein Schlafzimmer mit jetzt sehr verblichenen Malereien 2. Stils: dargestellt war das Meer mit musizierenden Nereiden u. dgl. — Dann, 3. Thür, ein Schlafzimmer mit Vorraum, an letzterem ein Alkoven für einen Diener; das Schlafzimmer selbst ist halbrund, mit 3 grossen Fenstern, einer durch Vorhänge (deren Ringe gefunden wurden) verschliessbaren Bettnische und einem gemauerten Waschbecken. — Auf der Rückseite des Peristyls in der l. Ecke eine Treppe, unter derselben ein Wandschrank. — Auf der r. Seite, 1. Thür, Zugang zu einem in den Unterstock führenden Gang und, quer über diesen, zu den Wirtschaftsräumen, in denen Küchen- und Ackergerät gefunden wurde.

Hinter dem tablinumartigen Durchgangsraum an der Rückseite (l. an demselben ein Zimmer 2. Stils) lag ursprünglich eine Säulenhalle (2 Säulen sind noch kenntlich), die sich auf eine breite Terrasse öffnete. Später ersetzte man die Säulen durch breite Pfeiler und baute Zimmer an den Enden der Halle, ebenso einen grossen Saal vor der Mitte derselben, auf der Terrasse. Neben diesem Saal blieb die Terrasse, die sich auch ringsum über die Portiken des tiefer liegenden Gartens erstreckte. — L. führt eine Treppe in den Unterstock: auf der Vorderseite des Gartens, unter der Terrasse, eine Reihe von Wohn- und Schlafzimmern. Sehenswert ist am r. Ende des vorderen Portikus die gut erhaltene flache Decke, samt den sie mit der Wand vermittelnden Gesimsen; sonst ist in Pompeji nichts der Art erhalten. — Der Garten hat ringsum einen Pfeilerportikus, in der Mitte ein grosses Wasserbassin mit Springbrunnen und einen von 6 Säulen getragenen Pavillon. An den hinteren Ecken des Portikus lagen Zimmer; aus diesen und aus der Mitte des Portikus selbst führten Thüren ins Freie. In der Nähe der letzteren Thür fand man zwei Gerippe, vielleicht des Hausherrn und eines Sklaven; ersterer hatte einen grossen Schlüssel, 10 Gold- und 88 Silbermünzen bei sich. Unter 3 Seiten des Portikus erstreckt sich ein Keller, vorn an beiden Enden zugänglich. Man fand in ihm zahlreiche Amphoren (Weingefässe) und die Gerippe von 18 erwachsenen Personen und zwei Kindern, die sich hierher geflüchtet hatten.

Das Amphitheater, der Schauplatz für Gladiatoren- und Tierkämpfe, liegt von den übrigen Ausgrabungen getrennt. Die in zwei Exemplaren vorhandene Inschrift besagt, dass C. Quinctius Valgus und M. Porcius (die Erbauer des kleinen Theaters: s. S. 40) in Anlass ihrer Wahl zu Quinquennalen (*honoris causa*) auf ihre Kosten das Gebäude (*spectacula*) erbaut und ihren Mitbürgern (*coloneis*) geschenkt haben. Es liegt im südöstl. Winkel der Stadtmauer, so dass der breite Umgang (mit ca. 1,25 m hoher Brüstung), welcher sich oben um die Sitzreihen herumzieht, an zwei Seiten mit der Oberfläche der Mauer zusammenfällt; er ist daher zugänglich durch 2 Doppeltreppen auf der freistehenden Strecke und 2 einfache Treppen in den Winkeln, wo er an die Stadtmauer stösst. Da der Kampfplatz (Arena) unter die äussere Bodenfläche vertieft ist, so erscheint der Bau von aussen niedriger als von innen.

Der Haupteingang zur Arena ist von N. (l.). In demselben standen die Statuen der beiden C. Cuspius Pansa, Vater und Sohn; ersterer war u. a. *Praef(ectus) i(uri) d(icundo) ex d(ecurionum) d(ecreto) lege Petronia:* d. h. er war vom Stadtrat zum Duumvir ernannt worden, weil die Wahlen kein gültiges Resultat ergeben hatten. Die Steine mit Löchern zum Einsetzen von Pfählen, nahe der l. Wand, dienten um einen schmalen Gang abzutrennen, auf dem die Zuschauer verkehren konnten, ohne mit den hier aus- und einziehenden Gladiatoren in Berührung zu kommen. Der gegenüberliegende Südeingang biegt rechtwinkelig um, da er sonst auf die Stadtmauer stossen würde. Hier liegt das eine (unvollständige) Exemplar der Bauinschrift. Ein dritter kleiner Eingang in der Mitte der westl. Langseite führt durch einen schmalen Gang ins Freie: er diente wohl zur Entfernung der Gefallenen (*porta Libitinensis*). An jedem dieser drei Eingänge liegt seitwärts ein dunkles, nur durch eine kleine Thür zugängliches Loch, vielleicht zur Aufbewahrung wilder Tiere.

Die Brüstungsmauer der Arena war zur Zeit der Entdeckung mit Gemälden bedeckt, welche Scenen aus den hier gegebenen Spielen darstellten (s. die Figur).

Auf derselben sind stellenweise Spuren eines eisernen Gitters, um die Zuschauer gegen Sprünge der wilden Tiere zu schützen: dass es nicht überall ist, beruht wohl auf einer zur Zeit der Zerstörung im Gange befindlichen Ausbesserung. — Die auf der Ostseite oben auf der Brüstung befindlichen Inschriften beziehen sich auf die Herstellung der Sitzstufen und besagen, dass mehrere Duumvirn, und einmal das Kollegium der Magistri der Vorstadt Pagus Augustus Felix je eine der keilförmigen Abteilungen zwischen 2 Treppen haben machen lassen.

Der Zuschauerraum war zugänglich teils von oben, von

dem breiten Umgange an der Aussenseite, teils aus einem gewölbten Gange unter den untersten Stufen des 2. Ranges, welcher fast ganz ringsum läuft, nur in der Mitte der Langseiten unterbrochen; man gelangt in denselben teils aus den Eingängen zur Arena, teils durch 2 eigene Eingänge von der Stadt-(W.)Seite. In einem dieser Eingänge liegt das vollständigere Exemplar der Bauinschrift.

Die Unterbrechung des gewölbten Ganges erklärt sich für die W.-Seite durch den erwähnten schmalen Zugang zur Arena. Auf der Ostseite sollte wohl dadurch der N.-Eingang entlastet und ein Teil der Zuschauer gezwungen werden, durch den etwas unbequem in einem Winkel an der Stadtmauer liegenden S.-Eingang einzutreten.

Die Sitzreihen zerfallen in 3 Ränge, von 5, 12 und 18 Stufen, welche dasselbe Profil haben, wie im kleinen Theater: Vorsprung am oberen Rande und Vertiefung für die Füsse des Hintermanns. Aus dem gewölbten Gange führen Treppen teils zur untersten Stufe des 2., teils zur obersten des 1. Ranges. Dieser letztere hat in der Mitte jeder Langseite eine breite Loge mit breiten und niedrigen Stufen statt der gewöhnlichen Sitze: es ist dies der Platz für die Sessel (Bisellien) der Stadträte. Auf der Ostseite ist diese Loge nach S. nachträglich erweitert worden, vielleicht für die, welchen der *honor bisellii* (s. oben S. 103) verliehen war. In der Mitte der Ostseite ein ausgezeichneter, die Breite zweier Stufen einnehmender Platz (ob auch auf der W.seite, ist nicht kenntlich): wohl für den vorsitzenden Beamten. Die oberen Logen für die Frauen sind zugänglich aus einem Korridor hinter ihnen, zu dem man auf Treppen aus dem erwähnten breiten Umgange aufsteigt. In diesem Korridor sind auch einige Steine mit Löchern erhalten, in welche die das Velum (Segel zum Schutz gegen die Sonne) haltenden Masten eingesetzt wurden. Von der Art, wie dies geschah, überhaupt von der Umgebung des Amphitheaters im Altertum, giebt das unten abgebildete Gemälde (Neapel) eine Vorstellung: dasselbe stellt eine Schlägerei dar, welche im J. 59 n. Chr. zwischen den Pompejanern und den zum Besuch des Schauspiels gekommenen Nucerinern stattfand. Es scheint, dass man das Velum von der Spitze der Masten auf die Stadtmauer und deren Türme hinüberspannte.

Register.

Tempel und kleinere Heiligtümer.

	Seite		Seite
Tempel des Apollo	19	Kapelle der Kaiserfamilie im Macellum	26
Tempel der Fortuna Augusta	72	Kapellen und Altäre der Lares compitales . 47. 80. 86 vgl.	25
Griechischer Tempel	35		
Tempel der Isis	43		
Tempel des Jupiter	23	Altar des Salus	63
Tempel des Zeus Meilichios	42	Bild der 12 Götter	51
Tempel des Vespasian	28		

Öffentliche Gebäude.

Abtritt, öffentlicher	22	Gräber von Porta Stabiana	42
Amphitheater	108	Macellum	25
Bäder: Thermen beim Forum	74	Mauern der Stadt . . . . 4.	94
Centralthermen	58	Palästra . . . . 37. vgl. 33	48
Stabianer Thermen	48	Schule, sogen.	51
Private Badeanstalt. 33.	98	Senaculum, sogen.	27
Bäder in Privathäusern 33. 46. 55. 62. 69. 70.	106	Theater, grosses	38
		Theater, kleines	43
Basilika	16	Thore: Porta di Ercolano	93
3 Curien, sogen.	32	Porta Marina	13
Eichtisch	22	Porta di Nola	63
Eumachia, Gebäude der	28	Porta Stabiana	42
Forum	15	Türme	94
Forum triangulare	34	Triumphbogen . . . 15. 25.	74
Gefängnis	22	Verkaufshalle	21
Gladiatorenkaserne	41	Wasserleitung . . . . 10.	66
Gräberstrasse	97		

Gewerbe.

Bäckerei	55	Lupanar	51
Färberei	52. 57	Schusterwerkstatt	51
Fullonica	64. 80	Wirtshäuser u. dgl. 42. 54. 60. 76. 84. 85. 90. 93.	100
Gerberei	42		

Häuser.

	Seite		Seite
Casa di Adone	84	Casa del Fauno	70
Domus Cn. Allei Nigidi Mai: s. Haus des Pansa.		Casa della Fontana grande	83
		Casa della Fontana piccola	83
Casa delle Amazzoni	93	Haus des Gavius Rufus	57
Casa dell' Ancora	82	Casa di Giuseppe II	33
Domus P. Antisti Maximi etc.: s. Casa dell' Argenteria.		Casa del Granduca di Toscana	69
		Haus des Holconius	51
Casa di Apollo	85	Casa del Laberinto	68
Casa dell' Argenteria	85	Haus des Lucretius	56
Casa di Arianna: s. Casa dei Capitelli color.		Casa di Meleagro	86
		Neue Ausgrabung	66
Dom. M. Asellini: s. C. di Adone.		Casa di Nettuno	93
Haus mit Balkon	54	Casa della Nozze d'argento	59
Casa della Caccia	65	Casa dell' Orso	54
Haus des L. Cäcilius Jucundus	63	Haus des Pansa	77
Haus des Cäsius Blandus	55	Casa della Parete nera	70
Casa dei Capitelli colorati	69	Casa del Poeta tragico	78
Casa dei Capitelli figurati	70	Haus des Popidius Priscus	58
Casa di Castore e Polluce	88	Domus Popidi Sec. Augustiani: s. Casa del Citarista.	
Casa del Centauro	87		
Casa del Centenario	60	Casa della regina Margherita	59
Casa del Chirurgo	92	Haus des Sallustius	90
Villa des Cicero	3. 98	Haus des Siricus	53
Casa del Cinghiale	31	Casa degli Scienziati	66
Casa del Citarista	46	Haus des M. Spurius Mesor	58
Haus des Cornelius Rufus (Domus Cornelia)	47	Haus des M. Tofelanus Valens	63
		Casa del Torello	53
Villa des Diomedes	106	Haus d. Vesonius Prim. (di Orfeo)	65
Casa del Duca d'Aumale	86	Casa della Vestali	93
Haus des Epidius Rufus	47	Haus des C. Vibius	58
Haus des Epidius Sabinus	46		

Verlag von **BREITKOPF & HÆRTEL** in Leipzig.

WOLFGANG HELBIG

Wandgemälde der vom Vesuv verschütteten Städte Campaniens. Mit 3 eingefügten Tafeln und einem Atlas von 23 Tafeln. ℳ 12.—.

Untersuchungen über die Campan. Wandmalerei. ℳ 4.—.

Die Italiker in der Po-Ebene. Beiträge zur altitalischen Kultur- und Kunstgeschichte. Mit einer Karte und 12 Tafeln. ℳ 2.50.

HOMERS ODYSSEE

Vossische Übersetzung

mit 40 Original-Compositionen von

FRIEDRICH PRELLER.

Vierte Auflage, elegant geb. ℳ 20.—.

TH. HÖPFNER

Die Heiligen in der christlichen Kunst. ℳ 4.—.

FRIEDR. MATZ und F. VON DUHN

Antike Bildwerke in Rom mit Ausschluss der grösseren Sammlungen. 3 Bände ℳ 15.—, fein gebd. ℳ 20.—.

HEINRICH NISSEN

Pompejanische Studien zur Städtekunde des Altertums. Pappband ℳ 12.—.

> **Wichtig für jeden Pompeji-Besucher!**
>
> ## POMPEJI
> in seinen
> ### Gebäuden, Alterthümern und Kunstwerken
> dargestellt von
> ### JOHANNES OVERBECK.
> Vierte, im Vereine mit
> **AUGUST MAU**
> durchgearbeitete und vermehrte Auflage.
>
> Mit 30 grösseren, zum Theil farbigen Ansichten und 320 Holzschnitten im Texte, sowie einem grossen Plane.
> Lex.-8. 1884. Geheftet ℳ 20.—; gebunden in Ganzleinen ℳ 22.70, in Liebhaber-Einband ℳ 25.—.
>
> Verlag von **Wilhelm Engelmann** in Leipzig.

Verlag von **Georg Reimer** in Berlin.

Corpus inscriptionum Latinarum

Vol. IV. Inscriptiones parietariae **Pompejanae** Herculanenses Stabiae ed. **C. Zangemeister.** ℳ 30.—.

Vol. X. Inscriptiones Bruttiorum Lucaniae, Campaniae, Siciliae, Sardiniae Latinae ed. **Th. Mommsen.** ℳ 124.—.

Mau, A., Geschichte der decorativen **Wandmalerei in Pompeji**. Hrsg. von der Redaktion der Archäolog. Zeitung. 8º. Mit Tafelmappe, enth. 11 farbige u. 9 Lichtdr.-Abbildgn. in Fol. ℳ 54.—.

—— **Pompejanische** Beiträge. Mit 3 Tafeln. 8º. ℳ 6.—.

Druck von Breitkopf & Härtel in Leipzig.

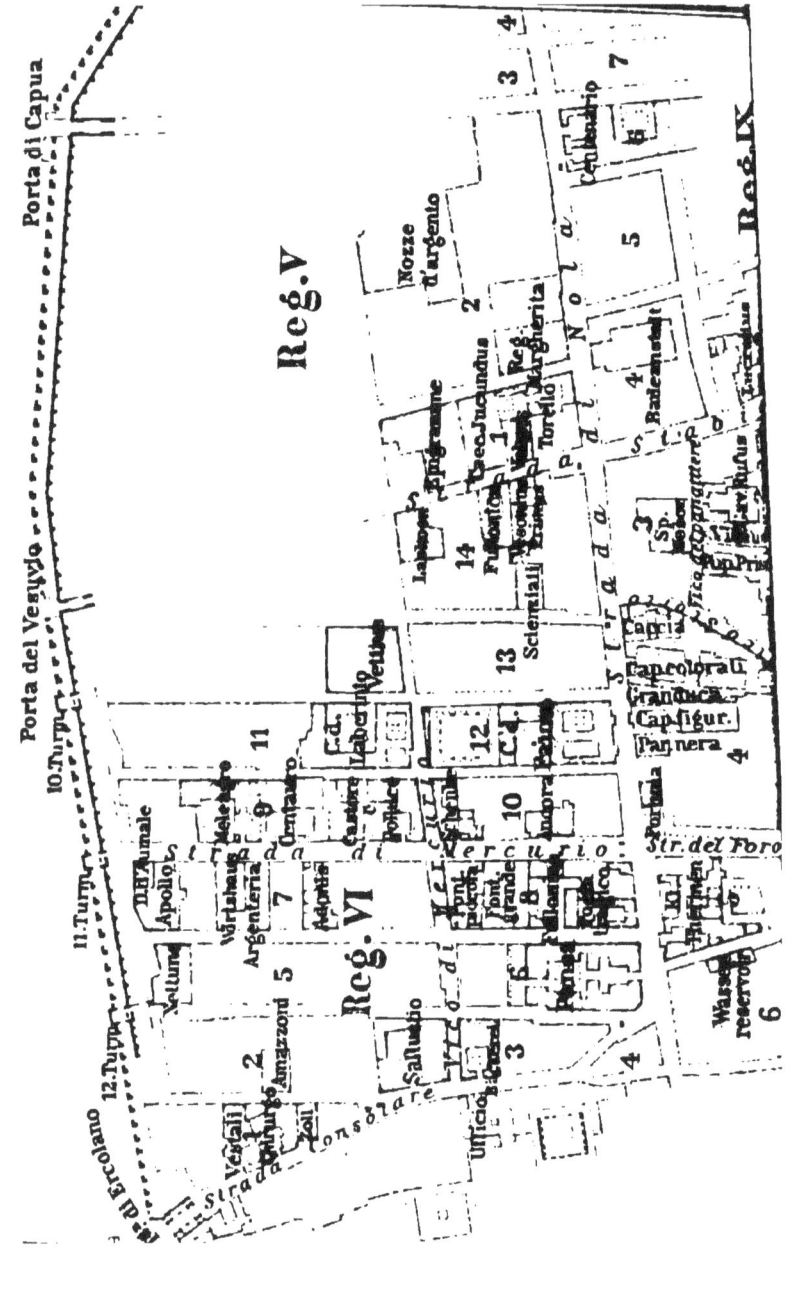

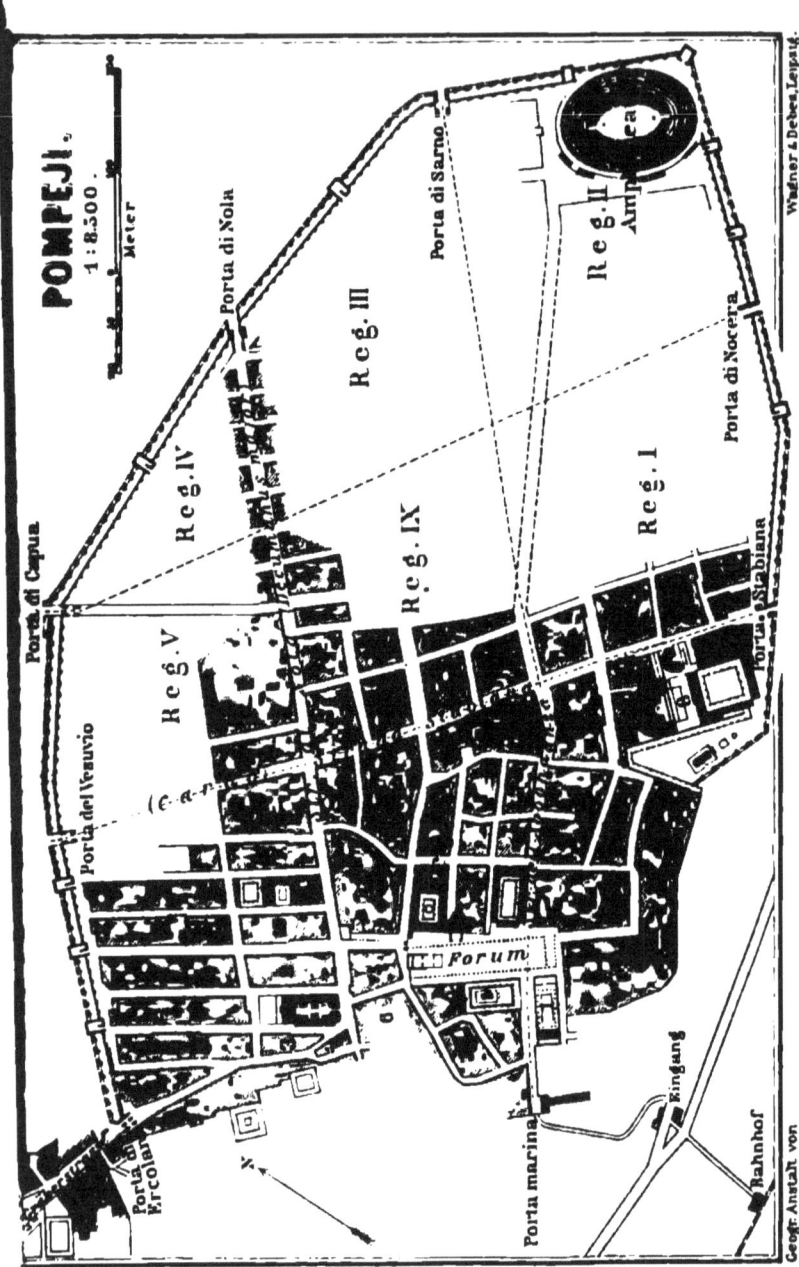

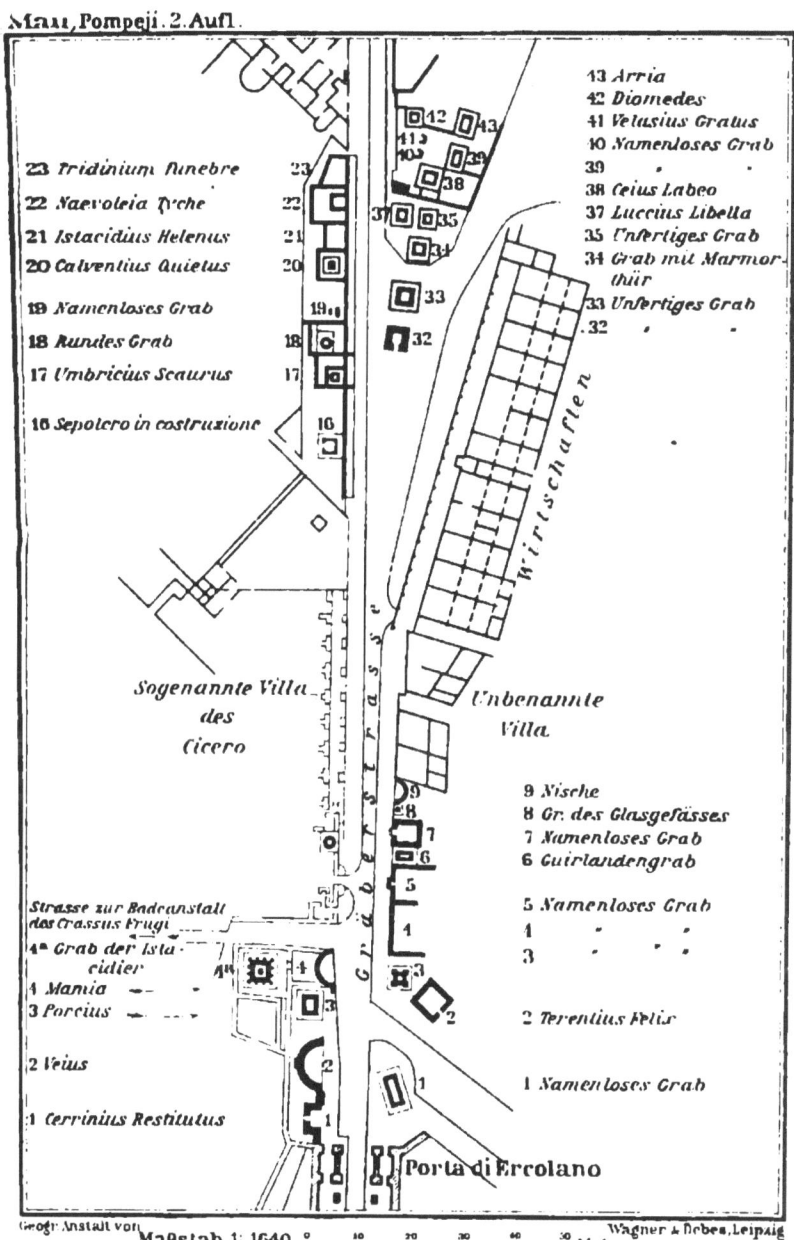

Druck von Breitkopf & Härtel in Leipzig.

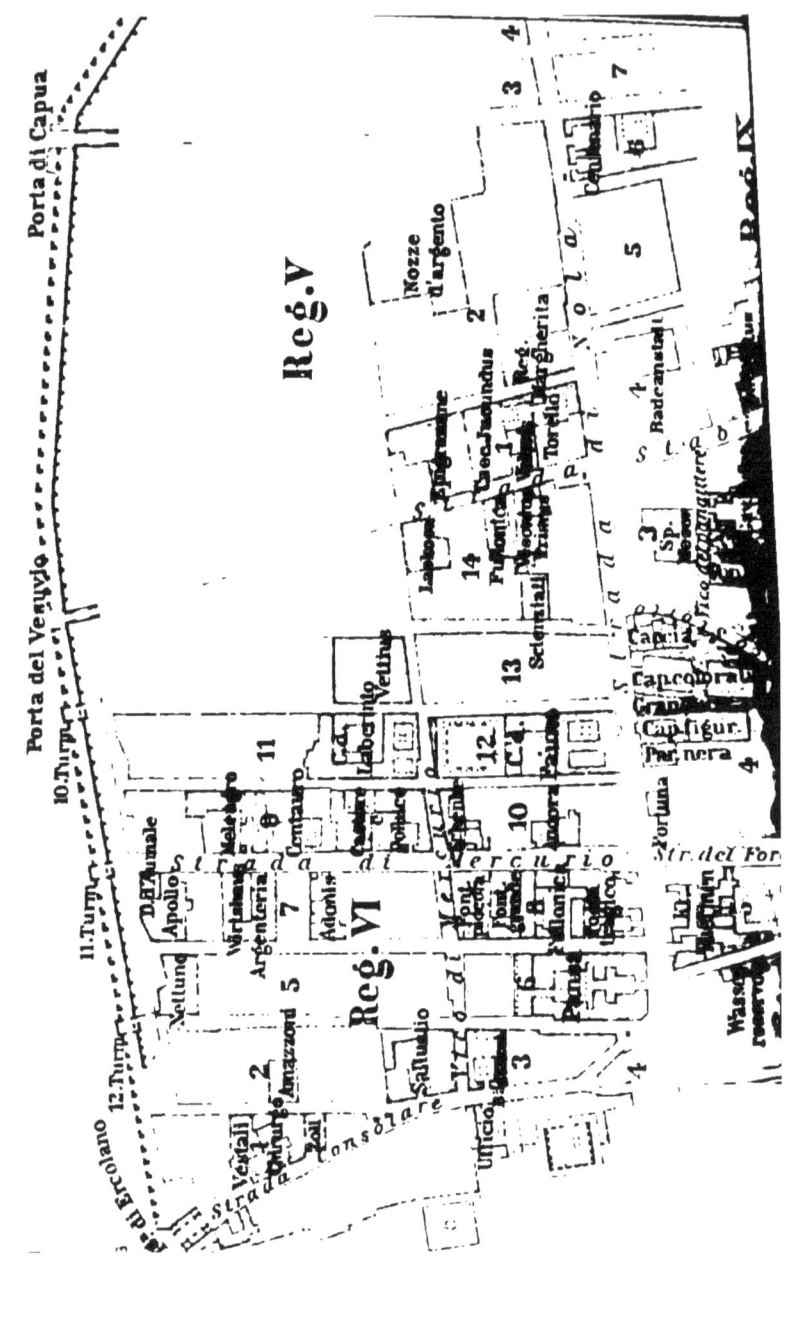

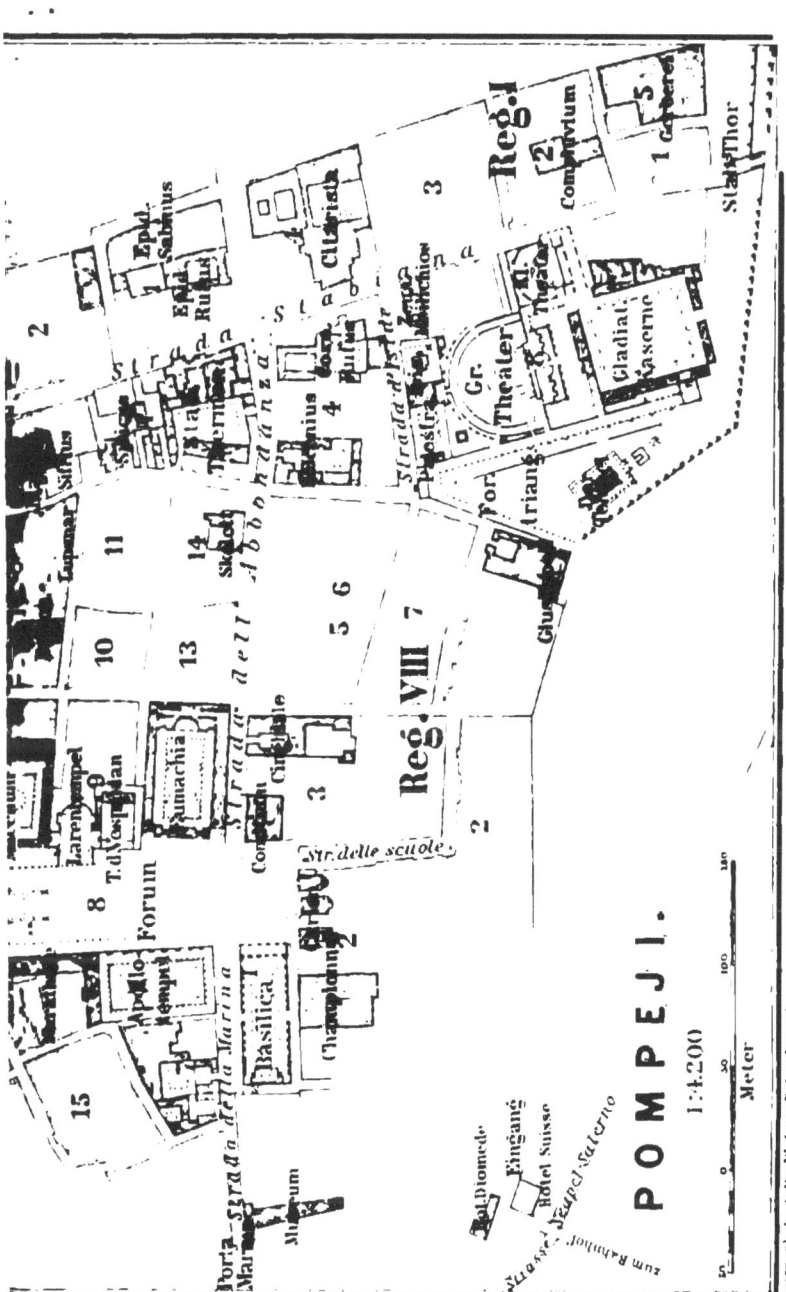

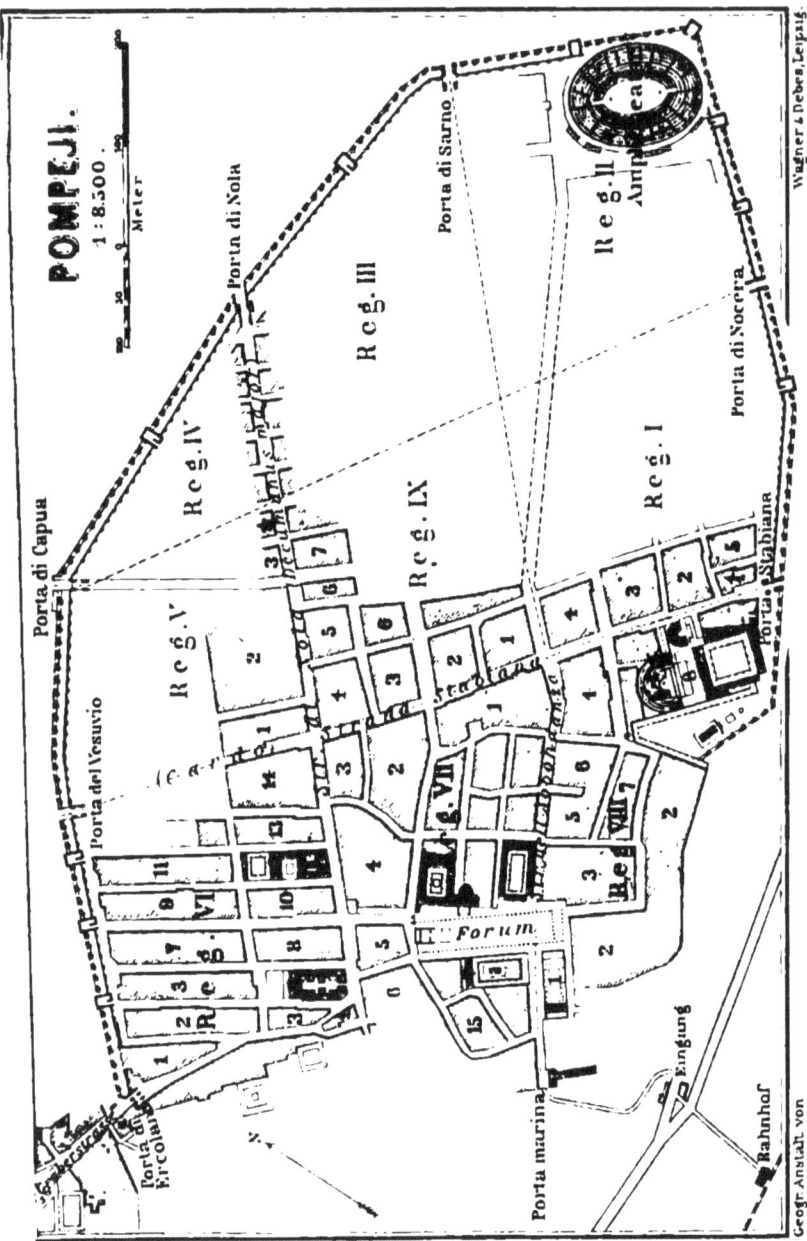

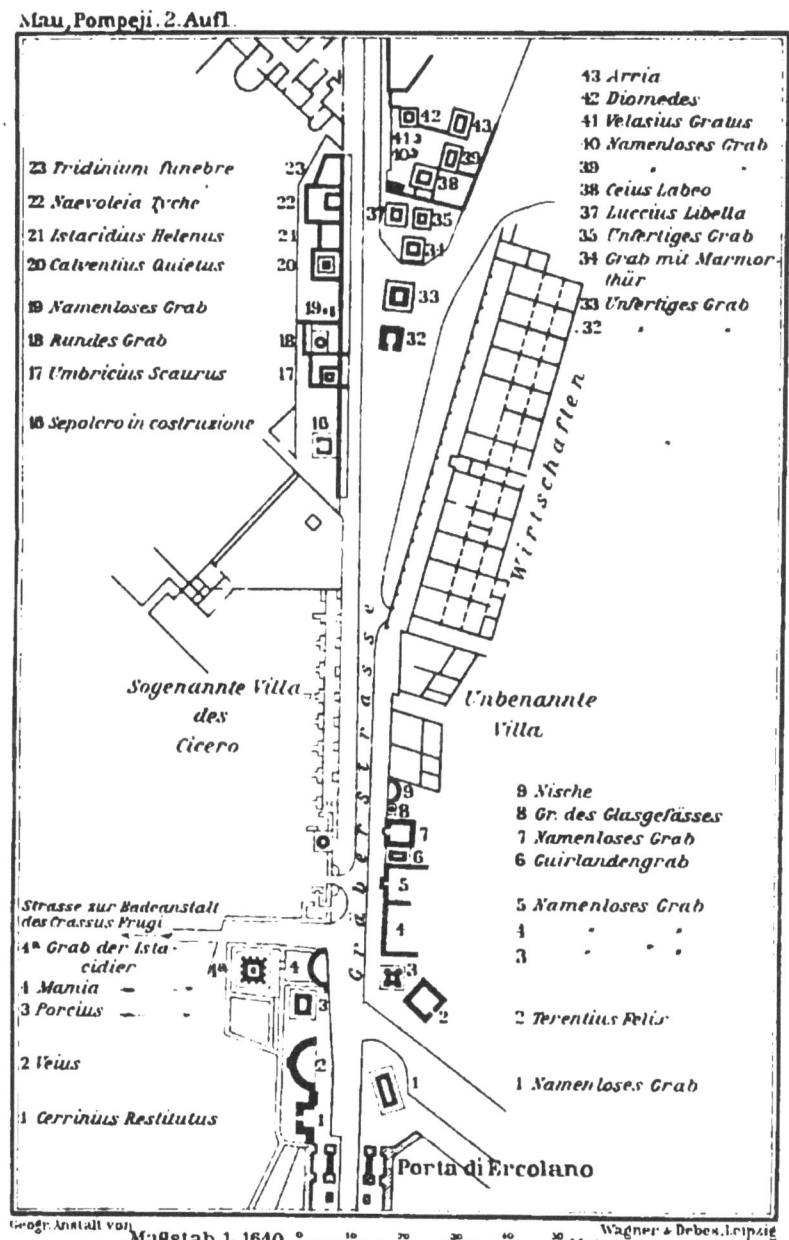